E. Antonio Elster

Insider Ratgeber
USA

Wohnsitz Kalifornien - So klappts!

E. Antonio Elster:
Wohnsitz Kalifornien - so klappts!
Insider Ratgeber USA

Titelbild und Einbandgestaltung: E. Antonio Elster.

Druck und Bindung Georg Lingenbrink GmbH+Co, Hamburg
ISBN 3-89811-332-9
Printed in Germany.

Für alle Menschen, die ...

...jeden Tag die Sonne sehen und fühlen wollen

...den Duft des warmen Meeres geniessen

...eine abwechslungsreiche Pflanzen- und Tierwelt mögen

...sich pausenlos gegängelt fühlen, aber

...ihr Leben gern selbst bestimmen

...viel zuviel Steuern bezahlen

...gern Auto und Motorrad fahren

...um Mitternacht einkaufen gehen möchten

...ihre Orangen gern selber pflücken

Prolog

...und gemächlich versank die glutrote Kugel hinter dem Horizont. Es war ein langer Tag und er hätte so schön sein können. Alles begann so: Heute vormittag, nach einem nur klitzekleinen Kampf mit bloß 13 Toten hatte Ritter Kunz von Hinzenstein das Nachbarherzogtum Kunzenstein und dessen Herrscher, den Herzog Hinz davon überzeugen können, bei der Ackerverwaltung künftig zusammenzuarbeiten.
Ritter Kunz: »Eigentlich waren wir ja alle ganz zufrieden. Doch gestern, so um die Mittagszeit tauchten plötzlich diese verdammten Teufelsmaschinen auf. Wie heißen sie doch gleich? Dampfmaschinen! Pff! Neumodischer Kram! Viel Dampf um nichts!
Als ob wir Herrschenden nicht schon genug Sorgen hätten. Jetzt werden auch noch die Arbeitskräfte auf dem Feld knapp, weil sie alle weiter oben im Norden zu Fürst Tunichtgut und dessen Maschinen rennen. Die vielen Gelder, die das kostet!
Als ob das die Welt voranbrächte! Die Herzogtümer und Regionalfürsten sollten gemeinsam die Abwanderung der einfachen Leute unterbinden. Wo kommen wir denn hin, wenn jeder kleine unwichtige Mensch in der Weltgeschichte herumreist? Leben unsere Bürger nicht sicher bei uns? Geht es ihnen nicht gut?
Zugegeben - viele würden gar nicht glauben, wie mein Speisezettel ausschaut. Aber schließlich bin ich ja der Oberritter und habe die Verantwortung für meine 487 Untertanen! Und schaue Er sich doch einmal unsere Nachbarn an. Dort herrschen Zustände...na danke! Überhaupt - manchmal frage ich mich, ob man die Leute von Kunzenstein nicht zu Ihrem Glück zwingen sollte. Mit uns hätten sie es doch viel besser...«
Ein kurzer Tag der Weltgeschichte war zuende gegangen.

•

Als die Sonne am nächsten Morgen in aller Frühe den Industriezeitalter-Tag ausrief, war alles anders. Alle Herzog-, Ritter- und sonstige -tümer waren völlig von der Bühne der Weltgeschichte verschwunden. Man hatte sich kurz nach dem Frühstück in eher enger Runde zu der Erfindung des Nationalstaates entschlossen, um die erforderliche Arbeitskraft und das Kapital für die unausweichliche Industrialisierung besser bündeln zu können.
Ein Teilnehmer, der anonym bleiben möchte, erzählt seine Erinnerungen: »Unsere Idee war, die Menschen zur Begeisterung über einen mächtigen, alles bestimmenden Staat hinzumanipulieren. Das

erreichten wir, indem wir jedem Einzelnen vorgaukelten, einen Hauch von Bedeutsamkeit durch angebliche Demokratie und Mitbestimmung zu besitzen. So sollte die geforderte Unterordnung unter die allmächtige, doch völlig künstliche Organisation »Staat« kaschiert werden. Natürlich hatten die Menschen niemals wirklich etwas zu sagen. Wie wir sehen können, hat es doch hervorragend funktioniert!«
Ungefähr zur Mittagszeit dieses Tages wurde entdeckt, das ein Nationalstaat auch ganz hervorragend dafür geeignet ist, mit dem Finger auf andere zu zeigen. Und zu behaupten, man könne dieses oder jenes viel besser als »die da«. Und so wurde das Erbe des Ritters von Gestern angetreten. Doch diesmal kam der Tod mit industrieller Effizienz. Nicht mehr nur kleine 13 Einzelfälle. Der überaus grossen Wichtigkeit der Nationalstaaten angemessen ging man in die Millionen. Ermordeten. Familienväter und junge Männer wurden von fanatischer „Wir!"-Propaganda skrupelloser Politiker in riesige, sich gegenseitig abschlachtende Herden verwandelt.
Die fragwürdigen Authoritäten hatten ein simples Werkzeug gefunden, den Menschen dieses unbestimmte »Wir«-Gefühl einzupflanzen. Ein billiges, gestempeltes Stück Papier. Ein sogenannter Pass. Nicht sein Papier wert, auf das er gedruckt ist, lieferte er -ehrfurchtsfordernd gestempelt und unterschrieben - einen greifbaren Beleg, das man...dazugehört.
Ein anderer Teilnehmer: »Aber nun sehen Sie doch! Unseren Bürgern geht es doch gut. Niemals zuvor in der Weltgeschichte hatten sie es besser. Und gerade jetzt am späten Nachmittag muss diese gefährliche Entwicklung auftauchen und wieder alles durcheinander bringen. Wie heißt sie doch gleich? Datenautobahn? Nein richtig, Internet. Internet! Schon wieder so ein fremdländischer Ausdruck.
Als ob wir Regierenden nicht schon genug Sorgen hätten. Und als ob dieses Internet die Welt voranbrächte. Ich sage: Freie Information für alle ist staatsgefährdend. Wo soll das denn hinführen? Immer mehr Menschen gehen einfach weg. Ich frage mich, warum? Leben unsere Bürger nicht sicher bei uns? Und in nie gekanntem Wohlstand? Wo kommen wir denn hin, wenn jeder Bürger seine Pflichten vernachlässigt! Zugegeben - viele würden gar nicht glauben, von wo und wieviel Gelder ich beziehe. Aber schließlich gehöre ich ja zur Regierung und habe die Verantwortung für meine Mitbürgerinnen und Mitbürger! Und schauen Sie sich doch einmal unsere Nachbarn an. Dort herrschen Zustände...na danke! Überhaupt - manchmal frage ich mich, ob man die Menschen da drüben nicht zu ihrem Glück zwingen sollte. Mit uns hätten sie es doch viel besser...«

...und gemächlich versank die glutrote Kugel hinter dem Horizont...

Inhalt

1.0 Vorwort

»Diplomatie ist die Kunst, einen Hund so lange zu streicheln, bis Maulkorb und Leine fertig sind.«
(Felix Faure, franz. Politiker, 1841-1899)

Liebe Leserinnen und Leser,

auf unsere Ohren wirkt der Begriff der sogenannten Globalisierung heute schon abgegriffen. Überall hört und liest man dieses Wort - doch wer bezieht es schon auf sein persönliches, alltägliches Leben? Für die meisten Menschen handelt es sich um einen entfernten, ja fast abstrakten Begriff. Doch das könnte nun anders werden. Durch den unaufhaltsamen Aufstieg der Computer nimmt die Bedeutung des Begriffes „Mündiger Bürger" für jeden von uns zu.
Stellen Sie sich einmal vor: Dieses gesamte Buch ist auf meinem treuen Siemens-Notebook entstanden, während ich in der Weltgeschichte herumgereist bin. Auf dem Wasser, am Strand, in der brütenden Sonne, am Flughafen, einfach überall. Ein ganzes Buch! Das wäre noch vor gar nicht so langer Zeit undenkbar gewesen.
Von diesen Entwicklungen sollten auch Sie profitieren. Das weltweite Internet bietet Ihnen innerhalb von Sekunden alle nur denkbaren Informationen - und deshalb ist dieses Buch zwei. Zum einen natürlich Ihr Ratgeber zum Thema »Wohnen in Kalifornien«. Und zum anderen ist es Ihr Internet-Wegweiser zum gleichen Thema. Es zeigt Ihnen, passend zu jedem Kapitel, wo und wie Sie Informationen und Kontakte für Ihre USA-Planungen blitzschnell auf dem Internet finden.
Wenn man diese Vorgänge im größeren Masstab betrachtet, so entdeckt man eine neue und bisher weitgehend unbekannte Situation. Der Heimatstaat muß es sich nämlich plötzlich gefallen lassen, in Konkurrenz zu treten mit allen anderen Staaten unserer Welt. Dabei handelt es sich zwar um nichts grundlegend Neues. Doch bisher waren die Vorteile dieser Konkurrenzsituation nur Unternehmen und sehr begüterten Menschen vorbehalten. Doch nun kommen wir alle zum Zug. Durch die technische Entwicklung wächst die Macht des

einzelnen Bürgers im gleichen Maße wie die Ohnmacht der nationalen Politiker.
Dieser Wettbewerb der Staaten beschränkt sich keineswegs mehr auf das rein wirtschaftliche Gefüge. Es stehen politische Systeme, internationale Denk- und Lebensweisen und insgesamt die Lebensqualität jedes einzelnen Bürgers im Wettbewerb. Jedem Mensch, der sich um ein schöneres Leben bemüht, stehen Optionen zur Wahl, die noch vor einigen Jahrzehnten unvorstellbar waren. So ist es heute gar nichts Besonderes mehr, jedes Jahr dem kalten und nassen Winter in Europa zu entfliehen. Oder für ein paar Jahre im Ausland zu leben. Oder das gesamte weitere Leben dort zu verbringen. Freie Bürger nutzen mehr und mehr die relativ freie Wohnsitzwahl. Unter diesen Umständen mutet es fast schon etwas altertümlich an, den eigenen Geburtsort oder die »Heimatstadt« zeitlebens als unveränderliches Zentrum seiner eigenen Aktivitäten anzusehen.
Im Gegensatz zu den Politikern des verlassenen Landes, denen es natürlich überhaupt nicht gefällt, das Teile »ihres« Volkes mit den Füßen abstimmen, bin ich der Meinung, das Sie ihrer Gesellschaft tatsächlich einen sehr guten Dienst erweisen. Denn wie in anderen Bereichen gilt nun auch im Inter-Nationenwesen »Konkurrenz belebt das Geschäft«. Und abreisende Menschen sind es dann eben, die dazu beitragen, das der Anbieter (Staat) sein Angebot verbessern (bürgerfreundlicher gestalten) muß, um nicht noch mehr Kunden (Bürger) an die Konkurrenz (andere Staaten) zu verlieren.
Was unter besserer Lebensqualität zu verstehen ist, das muß jeder für sich selbst entscheiden. Vielleicht sehnen Sie sich einfach nach schönerem Wetter. Oder nach weniger Steuern und Abgaben. Oder nach einem freieren Leben ohne fortwährende Gängelung durch Staat und Bürokraten. Oder vielleicht alles zusammen.
Wie Ihre persönlichen Gründe auch immer lauten - es gibt Staaten, die zwar nicht alles, aber doch manches besser können als wir hier in Mitteleuropa. Ich bin der Meinung, einer davon ist Kalifornien in den USA. You are welcome!

Ihr E. Antonio Elster

2.0 Nice to meet you, America!

Vor einiger Zeit, da war es endlich geschafft. Wir lebten gemütlich in Fort Lauderdale, Florida. Das Manuskript für das neue Buch "Wohnsitz Florida - so klappts!" war gerade fertig geworden und quasi über Nacht tauchte das Bedürfnis auf, mal für ein paar Wochen Urlaub vom Urlaubsstaat zu machen.
Eine USA-Rundreise sollte es sein. Vom Süden Floridas bis hin nach Kalifornien. Quer über den amerikanischen Kontinent, vom Atlantik bis zum Pazifik. Und zwar im Norden hin und im Süden zurück, damit die Sehenswürdigkeiten wie z.B. Mt. Rushmore in South Dakota nicht für immer fremd bleiben. Hört sich nicht gerade nach Kurzstrecke an, oder?
Genau. Es sind so ungefähr 13.000 Kilometer. Dreizehntausend! Als ich zu phantasieren begann, man müsste mit dem Auto fahren, stellten einige Bekannte gleich so interessante Fragen wie "Bist Du geisteskrank?"
Vielleicht deswegen liess ich nicht ab von dieser Idee. Tatsächlich begann ich die Suche nach einem älteren Auto in den Kleinanzeigen, weil wir unseren noch relativ neuen Pontiac nicht "verfahren" wollten. Eine ganze Woche lang schaute ich mir billige Gebrauchtwagen an. Doch ein entschiedenes "Ja, das isser!" war nicht dabei.
Am Ende dieser Woche, am Samstag, entschied dann meine Freundin aus dem heiteren Himmel der Tropen, das es jetzt wohl an der Zeit wäre, "Ja" zu sagen. Bloss - ich hatte gar nix gefragt! Vielleicht wissen Sie, wie so was ist. Plötzlich ging alles ziemlich schnell und sehr traurig zu, und ich war ungewollt wieder very independent. Keine Freundin, kein Auto - eine sogenannte Miwo. Eine Mistwoche mit starkem Potential für einen Mimo.
Drei Abende später sass ich mit einem Freund in unserem Lieblingsbistro am Las Olas Boulevard. Seine Frage "Wo ist denn Susan heute abend?" beantwortete ich wahrheitsgemäss damit, das ich immer noch kein Auto für den USA-Roundtrip gefunden habe.
"Wo Susaaaan iiiist, wollte ich wissen."
"Es sollte ein älteres, günstiges Fahrzeug sein. Und mechanisch

in Ordnung."
Zumindest mein Part dieser -Sie müssen zugeben- themenreichen Unterhaltung wurde am Nachbartisch mitgehört. Das Paar aus Jugoslawien, vor 2 Jahren nach Florida eingewandert, wollte sein Auto verkaufen. Einen Golf. Also, ganz ehrlich, ich war nicht gerade vom Hocker gerissen. Ein Golf. In Amerika. Für eine doppelte Kontinent-Durchquerung. Höflich nahm ich Adresse und Telefonnummer entgegen.
Auch in den folgenden Tagen stand nix Gescheites in der Zeitung. Das war schlecht, denn vielleicht kennen Sie auch das: Im Kopf und im Herz tauchte ununterbrochen dieses Gespenst, dessen Namen mit S beginnt, auf. Ich wollte unbedingt weg - und rief den immigranten-unterstützenden VW an.
Naja, was soll ich sagen: es war halt ein Golf. Diesel. Allerdings: Von 1985, mit 175.000 Meilen auf dem Tacho - das sind schlappe 280.000 km! Ein paar Kratzer im Lack und die Klimaanlage funktionierte nicht. Aber sonst schien er technisch ok zu sein. Meine Neuronen begannen zu diskutieren: "...ob der eine realistische Chance zum Wiederankommen bietet?...Ich weiss ja nicht...teuer kann er ja wohl nicht sein!...erst mal hören, was er dafür haben will..."
The owner was asking $1000. In Anbetracht eines bedrohlich nahe rückenden Geisterhauses machte ich ein Angebot. 600 Dollar. Der Verkäufer akzeptierte ziemlich schnell. Und ich schwor mir insgeheim, keinen einzigen Cent in dieses Auto zu investieren. Keinen einzigen! Sobald es unterwegs Mucken machen würde, ginge der Weg schnurstracks zum nächsten Flugplatz. Für mich. Für den Golf - Junkyard. Ende, keine Diskussion.
Nach dem Check von Öl, Wasser und Luft und ein paar notwendigen Erledigungen wie Klamotten packen und Geld umtauschen ging es schon zwei Tage später los (...hey, Geld umtauschen war ein Spass...)
Wegen der Mittagshitze gings am späten Nachmittag in Fort Lauderdale auf die Interstate 95 in Richtung Norden. Und dann hiess es erstmal fahren, fahren und nochmal fahren. Einem berühmten Werbeslogan zufolge waren Old Beetles ja genau dafür gemacht. Für neuere VWs habe ich so eine Aussage nie gesehen. Ob das was bedeutet?
Die ersten Stunden der Marathonfahrt mit ungewissem Ausgang wurde alle paar Sekunden die Wassertemperatur und den Öldruck misstrauisch beäugt. Nicht zu vergessen die Uhr. Nachdem an all diesen Instrumenten einfach nix Aufregendes

passieren wollte, fielen die Blicke halt einfach zum Fenster raus. Atlanta (Georgia) zum Beispiel hat einen Büroturm in der Innenstadt, der dem in Frankfurt/Main wie ein Zwillingsbruder ähnelt. Wer da wohl zuerst da war?
Nashville (Tennessee) ist kleiner wie gedacht und die Fahrt durch Tennessee in Richtung Pazifik ist ein Miniritt auf einer Zeitmaschine, weil sie durch das Überqueren der ersten Zeitzone eine Stunde “gewinnen” lässt.
Der Diesel dieselt. Und beim Tanken hat er eine schöne Überraschung parat: Er transportiert mich mit 51mpg?! Wow! (mpg=miles per gallon, 1 (Strassen-) Meile=1,6 km, 1 Gallone=3,8l. Kleine Rechenübung...hihi.) Der Dieselpreis übrigens betrug zwischen $0,92 und 1,10 pro Gallone. Bitte schonen Sie Ihr Herz, falls Sie jetzt die Treibstoffkosten der gesamten Fahrt ausrechnen.
St. Louis (Missouri) besitzt einen eindrucksvollen Bogen, macht aber sonst ein klein wenig einen vernachlässigten Eindruck. Weiter im Staateninnern, in einer kleineren Stadt mit Namen Columbia stimmt irgendetwas nicht. Mit dem Stadtbild. Irgendetwas ist falsch hier auf der Hauptstrasse. Lange misstrauische Blicke das Asphaltband rauf und runter enträtseln nicht, was hier komisch ist. Bis es dann endlich dämmert:
Mitten in der City, direkt an der Hauptverkehrsstrasse wie es sich gehört steht - ein Aldi! Natürlich war ich drin. Jeder Deutsche wird sich da sofort zuhause fühlen. Es ist die exakte Kopie der bekannten Ausgabe in Germany. Die Kassiererin erzählte, das es in der ganzen Region zahlreiche gibt.
Ab Sioux Falls (Iowa) wird´s landschaftlich interessanter. Doch beim Ölstand kontrollieren während des Tankens schweifen die Augen ab und beginnen, den Horizont nach dem nächsten Provinzflughafen abzusuchen: Der Motor hat in nur 3 Tagen über einen Liter Öl verbraucht! 3 Tage?! Hey, bis hierher waren´s 3100km!
Am späten Nachmittag setzt ein atemberaubendes Gewitter ein, das jedes Weiterfahren unmöglich macht. In Schrittgeschwindigkeit gehts bis zum nächsten Rastplatz. Der Regen ist mit “Wolkenbruch” nur unzureichend beschrieben - stellen Sie sich Duschen unter den Niagarafällen vor und Sie wissen, was ich meine. Da gabs nur eines: Die Tür verriegeln, ein paar emails auf dem treuen Siemens Notebook vorbereiten (ein kleiner Konverter aus einem MarineShop macht aus 12-Zigarettenanzünder-Volt wie nix 110-Notebook-Volt) und dann

das serienmässig mitgelieferte VW-Reisebett ausprobieren.
Am nächsten Morgen entwickelt sich unter blauen Himmel eine mittelgrosse Rastplatzparty: Jedes einzelne der ca. 20 Autos ist in der Nacht zum kleinen Schlafzimmer mutiert und jede Crew hat irgendetwas anzubieten: Kaffee, Kaugummi, Erdnussbutter, Brot, Cola. Es war lustig, und die Geschichten aus den unterschiedlichsten Regionen der USA nehmen kein Ende. Der Fahrer eines alten Lincoln hatte wohl die Handbremse vergessen und fand sich quer vor einem riesigen, geparkten Truck wieder. Bei einem anderen war in der Nacht das Beifahrerfenster heruntergefallen. Das Wasser im Cadillac steht 15 cm hoch, bis jemand mit Hammer und dickem Nagel ein kleines Abflussloch ins Bodenblech schlägt. Der Golf? Knochentrocken und winddicht. Auf eine subtile Art und Weise gelingt es dem kleinen Schlingel, sich bei mir interessant zu machen.
Kurz darauf gibts einen weiteren 25-Stunden-Tag gratis und ein paar Hundert Kilometer später ist Rapid City (South Dakota) erreicht, der nördlichste Punkt der Route. Bis hierher warens 3800 km oder 18 Längengrade dieser Erde (Fort Lauderdale: 26 Grad Nord, Mt. Rushmore: 44 Grad Nord). Und nun sind´s nur noch 20 Meilen bis zu den riesigen, steinernen Präsidentenköpfen. Doch zuvor gibts noch eine mittlere Herzattacke. An einer roten Ampel beginnt der Motor plötzlich fürchterlich zu rasseln. Lagerschaden, Ende des Traums? Ich habs ja schon geahnt - ein Mimo. Als die Ampel auf Grün springt, wird das Rasseln leiser und leiser und leiser...hm, es war wohl das Auto auf der Nachbarspur. Das All-Inclusive Angebot der nächsten Tankstelle zum Ölwechsel für $8,88 (Öl + Ölfilter + Lohn + Altölabnahme) wird aus reinen Gewissensgründen angenommen.
Mt. Rushmore ist ein Traum und sieht einfach nur beeindruckend aus. Der Fels, aus dem Präsidentenköpfe geschnitzt sind, ist extrem hart ist und erodiert nur 1 inch (2,54 cm) pro 10000 Jahre. Und die gesamte Gegend sieht aus, also ob jeden Moment Ben Cartwright von der Ponderosa aus den Wäldern hervorgeritten kommt.
Von nun an gehts wieder “bergab” auf der Weltkarte. In den Gründerzeiten der USA war der Independence Rock (Wyoming) nach 2000 Meilen der Marker für die Siedler, die von der Ostküste kamen. Sie haben es damals ohne Motoren,

Tankstellen und Supermärkte entlang der nichtvorhandenen Strassen geschafft. Eine sehr beeindruckende Leistung. Der Fels wurde von den rastenden Siedlern über und über mit eingekratzten und eingemeisselten Inschriften versehen, die über die Passage oder familiäre Ereignisse Auskunft geben.
Vom Parkplatz zum Rock führt ein schmaler Wüstenpfad, der an diesem frühen Morgen nur so zirpt und raschelt. Weil ich meine Brille auch nach 10 Jahren noch nicht leiden kann, bleibt sie auf dem Armaturenbrett liegen und ein paar Minuten später wundere ich mich, das wenige Meter vor mir mitten auf dem gottverlassenen Wüstenboden ein Bootsleine auf dem Boden liegt - schön ordentlich zusammengerollt, wie man es immer auf den Yachtstegen sieht.
KlackKlackKlackKlackKlack - Zschsch. Ein weitaufgerissenes Maul mit triefenden Giftfängen rauscht 10 cm nah an meiner rechten Wade vorbei. Hm. Klapperschlangenanschlag überlebt. Knapp daneben ist auch vorbei. Klappi denkt wahrscheinlich "Menschenanschlag überlebt". Dagewesen wäre um 6.30 Uhr morgens niemand. Serum natürlich erst recht nicht.
Weiter gehts nach Utah. Die riesigen Salzseen rund um Salt Lake City mit ihren blendend weissen Flächen bis zum Horizont schauen toll aus, wie frischer Schnee. Kurz vor Bonneville können Golfi und ich es nicht lassen und testen sie dann selbst, die Salzseen. Ich mit der Zunge (sehr salzig), Golfi mit Reifen und Hochleistungsdieselmotor (54 PS, Geschwindigkeits-Rekordversuch fehlgeschlagen).
5200km. Nevada begrüsst uns mit einem weiteren 25-Stunden-Tag und zeichnet sich -neben Roulette, Poker und einarmigen Banditen- vor allem durch nicht endenwollende Strassen und wenig Orte aus. Deswegen stehen am Strassenrand Schilder: Speed enforced bei Aircraft! Die Polizei "blitzt" vom Flugzeug aus.
Der örtliche Radiosender spielt "Highway Star" von Deep Purple, die Lautsprecher sind ja noch gar nicht getestet! - und überhaupt. Hinter der aufgeschütteten Böschung am rechten Strassenrand steigt eine grosse dichte Staubwolke auf. Aha, wohl ein MotoCross-Rennen. Nach 2 oder 3 km bläst wieder eine rostbraune Staubwolke hinter der undurchsichtigen Böschung hoch. Scheint ja ziemlich gigantisch zu sein, diese MotoCross-Strecke.
Der Tacho zeigt 70 mph - als sich an der oberen Kante von Golfis

nicht mehr ganz sauberer Frontscheibe zwei - Hubschrauberkufen ins Blickfeld schieben. 2 Meter über dem Dach! Oh Mann, was geht denn jetzt ab? Der Hubschrauber, ein ausgewachsener Bell Jetranger komplett in schwarz, gibt erstmal richtig Gas und wartet kurz darauf eine Meile vor uns - nach James Bond Manier einem Meter über der kerzengeraden Strasse schwebend. Mit uns zugewandter, leicht nach unten geneigter Nase. So schwebt er. Und schwebt. In genau dem Moment, in dem ich versuche mich zu erinnern, was James Bond immer macht, wenn sein Auto mit 110 Sachen in einen Hubschrauber reinfährt, entschwebt er. Ich kann nur vermuten: Geschwindigkeit gemessen und für legal befunden.
In Reno gehts runter von der Autobahn und über die Berge der Sierra Nevada zum Lake Tahoe. Die kleineren Schneefelder ganz oben auf dem Pass sind zuerst willkommene Abkühlung und dann willkommener Testgrund. Der Heizung, in Florida irgendwie vergessen, funtioniert zum Glück.
Am nördlichen Ufer des Lake Tahoe reitet Ben Cartwright nun wirklich, denn hier liegt das Gebiet der Ponderosa. Landschaftlich so ziemlich das schönste, was man sich vorstellen kann. Ungefähr eine Hälfte des Sees gehört zu Nevada, die andere zu Kalifornien. Mitten durch eine Stadt am Seeufer verläuft die Staatengrenze. Während die rote Ampel wegen der grellen Lichtreklamen der zahllosen Casinos kaum zu erkennen ist, ändert sich das Stadtbild mit Überqueren dieser kleinen Kreuzung schlagartig. Kein einziges Casino mehr, nur noch amerikanische Durchschnittsstadt, in traumhafter Landschaft allerdings. Wirklich lustig.
Wir sind in Kalifornien angelangt! Die letzten Hunderte Kilometer über Sacramento werden nur noch abgerissen, um endlich anzukommen. Mittlerweile tut alles weh. Arme, Halsmuskeln, Hinterteil, Beine.
Und dann folgt die Belohnung! Nach 6140 km und 8 Tagen Fahrt erhebt sich die leuchtendrot angestrichene Golden-Gate-Bridge von San Francisco am Horizont! Wir sind am Pazifik angekommen, haben die Vereinigten Staaten von Amerika von Ost nach West durchquert und sind dabei über 42 Breitengrade unserer Erde gefahren (Fort Lauderdale: 80 Grad West, San Francisco: 122 Grad West). Übrigens - die Abstände von Breitengrad zu Breitengrad sind in Amerika grösser als in Deutschland. Hä...? Ja, es stimmt wirklich. Wissen Sie warum? Golfi fährt uns, (alt)stilgerecht mit Blume an der Antenne, schnurstracks über die Golden Gate Bridge.

San Francisco ist eine sehr interessante Stadt mit viel Flair, allerdings für einen floridasonnenverwöhnten Mensch auch im Juli erstaunlich kalt. Etwas abseits der typischen Touristenmagnete liegt über der gesamten City ein angenehmer Schleier von Gastfreundschaft, Freiheit und Ungezwungenheit.
Allerdings könnte San Francisco auch leicht in KK-City umgetauft werden. Übertrieben wäre es nicht. KK steht für Kupplungs-Killer. Solche steilen Strassen wie dort haben Sie noch nicht gesehen: Bergab, den ersten (!) Gang als Motorbremse benutzend, muss man kräftig auf der Bremse stehen. In einem sehr gut motorbremsenden Diesel! Und an den Strassen stehen jede Menge Am-Berg-anfahren-Lernhilfen, woanders einfach Ampeln genannt. Die steuern neben dem Verkehr auch den Ersatzteilumsatz erheblich.
Nach ein paar Tagen Aufenthalt steht die Weiterfahrt nach Los Angeles an, wo wir nach lächerlichen 630 Kilometer ankommen. Danach gings noch weiter nach San Diego, in die Mojave Wüste und in viele andere beeindruckende Gegenden von California. Geisterstädte gabs hier kaum.

Jetzt gehts los!

Kalifornien in den USA ist weltweit ein beliebtes Einwanderungsland und hat auch innerhalb der USA eine der höchsten Zuzugs- und Wachstumsraten. Viele Menschen aus aller Welt und eben auch aus den anderen 49 US-Staaten zieht es aus ganz unterschiedlichen Gründen in den Pazifikstaat, der von frischen Meeresfluten am Sandstrand bis hin zu ausgezeichneten Skigebieten alles anbietet.
Für die ausländischen Einwanderer haben sich die Bundesregierung und die Verwaltung gut auf die Ströme der Einwanderungswilligen eingestellt und entwickeln das komplexe Einwanderungsgesetz ständig weiter, denn nicht zuletzt profitiert auch der Staat und die Bevölkerung von qualifizierten Immigranten. Die gesamte Einwanderungs-Gesetzgebung ist Bundesangelegenheit, wird also von Washington aus gesteuert, nicht etwa von Kalifornien. Projektionszahlen für die verschiedenen Einwanderungskategorien finden Sie im Visa-Kapitel. Welche Voraussetzungen Sie erfüllen müßen oder welche Dokumente Sie benötigen, hängt stark von der beabsichtigten Dauer Ihres Aufenthaltes und deren Frequenz

ab, also wie lange Sie wie oft kommen bzw. bleiben möchten. Außerdem auch davon, ob Sie irgendwie beruflich tätig werden möchten oder nicht. Tiefergehende Erläuterungen dazu finden Sie ebenfalls im Visa-Kapitel.
Selbst wenn Sie die »höchste Einwanderungsweihe«, die ständige Aufenthaltsgenehmigung, Green Card genannt, erhalten haben, bleibt die Frage der Staatsangehörigkeit hiervon jedoch unberührt. Sie bleiben nach wie vor Staatsbürger Ihres Heimatlandes. Erst mit Ablauf von drei Jahren gesetzestreuen Aufenthaltes (mal über eine rote Ampel oder etwas zu schnell fahren oder ähnliches wird Ihnen nicht angekreidet) können Sie auf Wunsch die amerikanische Staatsangehörigkeit, also im wesentlichen den amerikanischen Paß beantragen. Eine Pflicht dazu besteht nie.
Solange Sie den deutschen Paß besitzen, aber in Kalifornien leben, müßen Sie auch nicht auf das Wählen verzichten. Für die Bundestagswahlen gibt es die Möglichkeit der Teilnahme für im Ausland wohnende, wahlberechtigte Bundesbürger. Voraussetzungen sind, das Sie 1) außerhalb der Bundesrepublik Deutschland wohnen und dort keinen Wohnsitz haben, 2) das Sie nach dem 23.05.1949 für mindestens drei Monate in Deutschland gelebt haben 3) seit Ihrem Wegzug nicht mehr als 25 Jahre vergangen sind (das gilt für die USA. Für einen Wohnsitz im europäischen Ausland gibt es keine zeitliche Beschränkung) und 4) in ein Wählerverzeichnis der Bundesrepublik Deutschland eingetragen sind. Diese Eintragung erfolgt nur auf Ihren Antrag auf Formblatt und muß innerhalb einer bestimmte Frist vor der Wahl bei der zuständigen Gemeindebehörde (letzter Wohnsitz innerhalb D) eingehen. Ob Sie sich diesem Tohuwabohu unterwerfen wollen, nur um Ihr Kreuz zu machen, müßen Sie selbst entscheiden.
Die folgenden Unterkapitel dienen Ihnen dazu, sich einen umfassenden Überblick über den westlichen Bundesstaat der USA zu verschaffen. Zunächst folgt allerdings ein kleine Internet-Einweisung, da die Benutzung dieses Werkzeuges für Ihre Planungen nahezu unersetzbar geworden ist.

2.1 Your personal Helper - Das Internet

Ihr gesamtes Leben, die (indirekte) Macht, die Sie als einzelner Bürger eines Staates ausüben können und Ihre persönlichen Freiheitsgrade ändern sich gerade jetzt, in genau diesem Moment

rasant! Und zwar -selten genug- zu Ihrem Gunsten. Die Zeiten, in denen Ihnen Informationen offen oder versteckt verweigert werden konnten, Formulare bestellt werden mußten, wochenlang gnädig auf Antwort warten usw. usw. - alles bereits veraltet und megaout! Der Grund heißt weltweites Internet.
Das weltweite Computernetz sorgt zur Zeit für eine permanente Revolution und macht den Zugang auch zu »entfernten« Informationen immer einfacher und für jedermann erreichbar. Tatsächlich bestehen meiner Meinung nach gute Chancen, daß das World Wide Web (=WWW, per Definition nicht exakt das gleiche wie das Internet, aber so kleinlich sein ist hier nicht notwendig) eine gigantische, wenn nicht die gigantischste Demokratisierungswelle und Freiheitsbewegung in der gesamten Weltgeschichte einleitet. Die langfristigen Makro-Folgen dieser Info-Tsunami sind noch überhaupt nicht zu überblicken, wovon viele Wissenschaftler aller Coleur und auch meine kleine Ingenieursbonsaikeit überzeugt sind.
Auch wenn in Deutschland immer noch nicht recht erfasst und schon gar nicht akzeptiert, das Internet hat bereits weltweit die Regie übernommen und steht auch Ihnen persönlich als extrem kompetenter und blitzschneller Ratgeber und Assistent in jeder Lebenslage zu Verfügung. Es ermöglicht Ihnen zu agieren. Und zwar schnell, sehr schnell. Davon sollten Sie profitieren.
Sie werden sich nun vielleicht fragen, was das alles mit Ihrem Leben in Kalifornien zu tun hat. Ganz einfach - in Amerika *ist* das Internet bereits Massenmedium. Kein Wirtschaftsunternehmen und keine Regierungsstelle, die nicht vertreten ist. Es wurde bereits begonnen, das Internet zum Hauptkommunikationsmedium zu machen. Viele Anträge und Formulare können Sie sich direkt zu Hause ausdrucken lassen. Und man höre und staune - die Regierungsstellen, die amerikanischen, gehören mit zu den ganz progressiven Verfechtern. Teilweise geben sie umfassendere Informationen nur noch per Email oder WWW-Ausdruck heraus, weil so die Druck-, Versand- und Personalkosten gespart werden.
Und alle bieten Informationen in nie gekanntem Detail und in Sekundenschnelle. Kostenlos und so praxisnah, das Sie zum Beispiel Anträge auch direkt am Bildschirm ausfüllen können. Dazu gehen immer mehr Privat-Haushalte dazu über, eine weitere Telefonleitung zu mieten, die ausschliesslich für das Internet bestimmt ist. An dem hängen viele Amerikaner nämlich 24 Stunden rund um die Uhr. Ist ja auch kein Wunder, denn Ortsgespräche sind hier kostenlos. Und übrigens, das US-

Telefonnetz funktioniert trotzdem ausgezeichnet - auch wenn die Deutsche Telekom ständig anderes glauben machen will, um Ihnen per wucherteuren Ortsgesprächen weiter das Geld aus der Tasche ziehen zu können.
Damit Sie sich das kleine Stückchen »ahead of competition«, das immer notwendig und hilfreich ist, für Ihre Überseeplanungen sichern können, halten Sie den meines Wissens nach einzigen Führer zum Thema »Leben in Kalifornien« mit komplettem Internet-Wegweiser in Ihrer Hand. Sie können mithilfe dieses Buches in Sekundenschnelle und direkt an Ihrem Schreibtisch Visaanträge ausdrucken, den heutigen (ich meine heute) Immobilien- und Kraftfahrzeugmarkt anschauen, nach der besten Bankverbindung suchen, Fernweh bekommen (das zur Stunde aktuelle Wetter in L.A. abrufen oder sich mal schnell Fishermans Wharf in San Francisco durch die Livekamera anschauen) oder sich über die aktuellen Steuersätze informieren. Und das ist lange nicht alles.
Was müßen Sie nun tun, um diese Vorteile ausnutzen zu können? Zuerst einmal ist es notwendig, das Sie die wichtigsten Bezeichnungen aus dem Internetbereich kennen und wissen, wozu und wie sie verwendet werden. Dieser Vorstellung sind die nächsten Seiten gewidmet. Falls Sie mit dem Internet bereits vertraut sind, können Sie die natürlich überspringen.

Geschichte

In den sechziger Jahren war das amerikanische Verteidigungsministerium um seine Kommunikationswege sehr besorgt. Im Zeitalter des kalten Krieges mit der Sowjetunion fragte man sich, wie wohl die interne Kommunikation zwischen den weitverstreuten Befehlszentren und allen Außenstellen aufrecht erhalten werden könne, nachdem ein eventueller Raketenschlag des Feindes wichtige Nachrichtenleitungen zerstört hat. Aus diesen Anforderungen heraus entstand das Design eines Computernetzwerkes, das autark, also ohne Menschensteuerung selbst bestimmen konnte, welche Verbindungsleitungen wann benutzt werden. Die Verwaltung, die Bürokratie des Netzes wurde auf das absolut denkbare Minimum beschränkt. Das Design dieses Netzwerk war nicht von vorprogrammierten Verbindungen bestimmt, sondern wich eigenständig auf Alternativ-Datenleitungen aus, falls die vorgesehene gerade nicht verfügbar, verstopft oder eben zerstört war.

Als Vorteil wurde ebenfalls gewertet, das es durch dieses Prinzip quasi unmöglich wurde, Daten zu verfolgen. Weil man nie wußte, welchen Weg sie nehmen. Dieses Design wurde verfeinert, dann gebaut und funktionierte auf Anhieb sehr erfolgreich. Im Laufe der Zeit wurde am Ausbau gearbeitet, es wurden immer zahlreichere und schnellere Datenübertragungen möglich. Dadurch wurden die Leitungen auch für Forschung und Lehre interessant. In der Konsequenz wurde immer mehr Universitäten und Forschungseinrichtungen die Mitbenutzung gestattet. Damit war der Weg zur Internationalisierung erst recht gelegt, denn nun nutzten natürlich die Universitäten der Welt dieses Computernetz zum schnellen und unkomplizierten Datenaustausch. Irgendwann in den achtziger Jahren wurde das Netz völlig freigegeben und auch der kommerziellen Welt zu Verfügung gestellt. Von da an begann ein beispielloser Siegeszug, der bis dato anhält.

Gegenwart

Heute wird unter dem Begriff World Wide Web die Verkabelung von Hunderttausenden von Computern in nahezu allen Ländern dieser Erde bezeichnet. Und auf alle hat jeder Internetanschlußbesitzer Zugriff. Also jeder einzelne PC-Besitzer mit einem Internetzugangscode. Dieser PC (-Besitzer) wird selbst zum Bestandteil des Internets, sobald sein Rechner zuhause eine Web- oder Homepage oder/und eine Emailadresse hat. Eine Webpage ist eine (oder mehrere) Bildschirmseite(n) mit beliebigem Inhalt, die auf irgendeinem einzelnen Rechner gespeichert ist, aber weltweit von jedermann abgerufen werden kann. Der Begriff Email (nicht emeil, sondern ihmehl gesprochen) wird weiter unten erläutert.

Das Interessante dabei ist nun, daß das WWW niemanden gehört. Also wird es auch von niemandem gegängelt oder sonstwie manipuliert. Soweit die Theorie. In der Praxis versuchen schon auch einige der sogenannten freien Staaten, oft unter dem Vorwand der Kriminalitätsbekämpfung, den Internet-Zugang zu verregeln und/oder zu zensieren. Was könnten Regierungen dagegen haben? Nun, das Netz mit seinen ausführlichen Sofort-Informationen und fast unbegrenzten Sofort-Kontakten zu »weltweit überallhin« für jeden Bürger räumt natürlich gnadenlos auf mit jedem Allmachtsanspruch der nationalen Politiker und Systeme. Und natürlich auch mit den absichtlichen und unabsichtlichen Fehlinformationen an die Bürger.

Der Weg der Informationen wird auch heute noch von den Computern per Zufall ausgewählt und ist damit zwar nicht unmöglich zu kontrollieren, aber doch sehr schwierig. Tatsächlich kann es passieren, das Sie in Hamburg eine Information von einem Rechner in München abrufen und das WWW diese Daten zum Beispiel über Tokio leitet. Oder über New York. Oder auch über Frankfurt. Keiner weiß es im Vorhinein. Und es spielt auch weder für die Kosten noch für den Zeitbedarf eine nennenswerte Rolle.
Zur Zeit existieren weltweit bereits 200 Millionen Teilnehmer und rund 800 Millionen von Home- oder Webpages. Die Zeit der Trafficverdoppelung auf dem weltweiten Netz beträgt im Moment nur 3 Monate. Alle 3 Monate verdoppelt sich der Datenverkehr! Auf die weitere Entwicklung dürfen wir gespannt sein. Im folgenden finden Sie die Erläuterungen der wichtigsten Begriffe:

Webpage/Website/Homepage
Nehmen wir an, Sie schreiben auf ihrem Computer einen Brief an einen Freund und halten diesen Brief auf der Festplatte gespeichert. Wenn nun jeder, der Ihren Computer anruft und eine bestimmte Kennung (URL, sehe unten) eingibt, diesen Brief auch zu sehen bekommt, dann haben Sie eine Webpage. Kurz - eine Webpage ist der Öffentlichkeit zugängliche Information, die von einem bestimmten Computer unter einer bestimmtem Kennung überall in der Welt über das WWW abrufbar ist. Allerdings sehen die weitaus meisten Seiten heute nicht nach langweiligen Briefen aus, sondern ähneln Hochglanzmagazinen mit vielen verschiedenen Informationen.

URLs
Damit eine bestimmte Information oder Webpage in dem internationalen Datenverbund gefunden werden kann, muß sie eindeutig identifizierbar sein. Dazu erhält sie eine weltweit einmalige Bezeichnung, die sozusagen ihre Anschrift darstellt. In großen Datenbanken auf vielen Computern rund um die Welt befinden sich quasi die Adressbücher, die diese Anschriften enthalten. Bei Aufruf einer dieser Anschrift wird dann in einer dieser Datenbanken nachgeschaut, wo sie gespeichert ist. Dann werden diese Daten dort aufgerufen und zu Ihrem Computer geschickt. Hiermit sind wir bei dem Punkt angelangt, der Ihnen soviel Zeit spart und alles viel einfacher macht. Alle erforderlichen, nützlichen und interessanten Webpage-Adressen

zu unserem Thema finden Sie in den jeweiligen Kapiteln dieses Buches. Das Format ist immer das gleiche:

Sofort-Kontakt

http://www.hier.steht/die/adresse.html

Diese meistens etwas wirr ausschauenden Buchstabenkombinationen heißen URL(s). Die Abkürzung URL steht für **U**niform **R**esource **L**ocator, was soviel wie »genormte Adressangabe« heißt. Das müssen Sie sich aber nicht merken. http (dieser Satz fängt absichtlich klein an) steht für **h**yper**t**ext **t**ransfer **p**rotocol. Das bezeichnet bloß ein bestimmtes Format, mit dem die Internet Rechner weltweit ihre Daten austauschen und auf das man sich irgendwann einmal geeinigt hat. Für die Zeichenkombination :// gilt das gleiche. Dann folgt noch das www, das steht für **W**orld **W**ide **W**eb (es gibt auch bereits www2). Auch das alles müßen Sie sich nicht merken.
Die jeweilige Adresse tippen Sie einfach genauso wie im Buch abgedruckt in Ihren Rechner ein (das richtige Feld heißt z.B. »Go to location« oder auch »Gehe zu«), drücken die Enter-Taste und schwupp - schon sendet der Anbietercomputer seine Informationen, oft die Begrüßungsseite, direkt auf Ihren Bildschirm. Egal, wo auf der Welt der steht. Und keine Angst, Ihre Telefonkosten erhöht das nicht. Falls Sie gleich mal eine echte URL ausprobieren möchten:

Sofort-Kontakt

http://www.whitehouse.gov

Viele größere deutsche Firmen unterhalten zwei Anschriften, eine mit Endung „.de“ (Deutschland), eine andere mit Endung „.com“ (international). Vielleicht probieren Sie es einfach mal aus. Ich empfehle Ihnen, sich nicht nur auf die nationalen Seiten zu verlassen und immer auch nach „NICHT.de“-Endungen zu suchen. Die Informationsmenge, Informationsqualität und auch die angebotenen Preise können sich dadurch vorteilhaft für Sie ändern.

Hotlinks
Oft finden Sie auf den Webseiten die sogenannten Hotlinks oder auch einfach Links genannt. Dabei handelt es sich um Schnellverbindungen zu anderen Computern, die irgendwie mit der betreffenden Thematik in Verbindung stehen.
Wenn Sie sich zum Beispiel die Seite des Weißen Hauses in Washington anschauen, finden Sie dort Links zu vielen Ministerien und Bundesstaaten. Anstatt eine umständliche URL einzugeben, können Sie zum Beispiel einfach auf »California« klicken und schon werden Sie weiter zum Computer der kalifornischen Staatsregierung verbunden. Jedes Element auf dem Bildschirm, egal ob Text oder Bild, kann ein Link sein. Versuchen Sie es einfach, man kann nichts kaputt machen dabei.
Als noch anschaulicheres Beispiel stellen Sie sich eine Tageszeitung vor. Irgendwo in dieser Zeitung finden Sie zum Beispiel eine Artikelüberschrift »Der neue Beetle von VW erweist sich als Kassenschlager«. Kaum, das Sie mit dem Finger (am Computer benutzen sie die Maus) auf das Wort »Beetle« tippen, öffnet sich wie von Zauberhand eine neue Seite Ihrer Zeitung und Sie sehen ein Foto vom neuen Käfer mit allen technischen Daten. Danach tippen Sie Ihren Finger auf »VW«. Sofort erscheint eine Firmenvorstellung, die Auflistung aller Werke und Modelle usw. Und beim Berühren des Wortes »Kassenschlager« werden Ihnen in Sekundenschnelle die neueste Bilanz von VW und die letzten Verkaufszahlen des Autos angezeigt. Das sind Hotlinks!

Email
Schließlich sollten Sie noch etwas über email wissen. Email ist der neueste Evolutionschritt des Faxes - ohne Faxgerät, ohne Papier, ohne Kosten, ohne festen Standort. Genau wie ein Fax ist sie (in der Regel) an einen bestimmten Empfänger gerichtet, man kann sowohl senden als auch empfangen. Email ist genauso schnell wie ein Fax, quasi sofort beim Empfänger. Im Gegensatz zum Fax ist sie auch noch kostenlos, so das es endlich Spaß macht, auch seitenlange Briefe (inclusive Fotos) von Deutschland nach Kalifornien zu senden. Falls am anderen Ende jemand sitzt und liest, können Sie auch sofort die Antwort erhalten. Das damit das Leben des Telegramms und bald auch des Faxes endgültig besiegelt ist, ist nur ein kleiner Nebeneffekt im Wandel der Welt, den Sie diesmal selbst zum ersten Mal beobachten können, weil die Geschwindigkeit so groß ist.
Zum Emailen brauchen Sie Ihre eigene Emailanschrift. Das ist

so etwas wie Ihr eigenes Postfach, in dem Ihre eingegangene Post wartet, bis Sie sie lesen. Und von dem aus Sie auch welche abschicken. Dieses elektronische Postfach befindet sich auf einem Computer irgendwo in der Welt. Das kann Japan, Amerika, Europa oder sonst wo sein, wahrscheinlich werden Sie es niemals wissen.
Da passt es ja gut, das Sie nie hin müssen, zu Ihrem Postfach. Denn tatsächlich ist es völlig piepschnurzegal, wo auf der Erde Sie sich gerade befinden. Überall (wo sich ein Internetanschluß befindet) haben Sie Zugriff auf ihre Post und können welche senden. Post nachsenden oder einen Freund bitten zu sammeln etc. ist also alles unnötig geworden (Achtung: Bei einigen wenigen grossen Internetprovidern gelten teils unschöne Beschränkungen!)

Tip
Im Anhang finden Sie die Internetadressen einiger Anbieter von kostenloser email.

Das Einrichten Ihrer eigenen Emailanschrift direkt am Bildschirm dauert nicht länger als 5...10 Minuten. Senden, empfangen und lesen geht natürlich in jeder Sprache und die Einrichtung Ihrer Emailadresse ist üblicherweise mit keinerlei Verpflichtungen verbunden.
Bewußt sollten Sie sich sein, das vertrauliche Texte nicht in eine normale, unverschlüsselte Email gehören. Eben genau wie beim Fax. Es gibt gute Möglichkeiten, alle Korrespondenz quasi unknackbar zu verschlüsseln. Das derzeit weltbeste Programm dafür heißt PGP (Pretty Good Privacy) und ist (für Privatanwender) kostenfrei erhältlich.
Eine Emailanschrift sieht zum Beispiel so aus: ihrname@hotmail.com. Dabei müßen Sie nicht Ihren Namen verwenden, sondern können jedes beliebige Anonym nehmen, das noch nicht an jemand anderen vergeben wurde. Der Computer sagts Ihnen beim Anmelden sofort.

»Viele Webseiten sind aber in englischer Sprache geschrieben. Und ich kann doch nicht gut genug Englisch!«
Wer immer nur Probleme sucht, wird auch immer nur Probleme finden, gell! Dieses Buch läßt keine Ausrede gelten. Hier mein ganz persönlicher

Obertip
Sie können alle Webseiten in (fast) allen Sprachen angezeigt bekommen. Kalifornische Tageszeitungen in Deutsch lesen? Kein Problem. Das Internet übersetzt automatisch in eine Sprache Ihrer Wahl. Noch nicht ganz perfekt, aber doch lesbar. Zum Beispiel unter http://altavista.com. Sie werden ungefähr 20 Minuten brauchen, den automatischen Übersetzer kennenzulernen, falls Sie wenig oder keine Computererfahrung besitzen. Doch dann flutschts.

»Aber ich besitze doch gar keinen Internetanschluß! (..Computer, Telefon etc)«

Um eine Emailanschrift einzurichten, zu besitzen und zu nutzen, oder um sich bestimmte Internetinformationen zu besorgen, benötigen Sie KEINEN eigenen Computer und KEINEN eigenen Internetanschluß. Vom Einrichten bis zum Post empfangen, schreiben und schicken ist alles auch z. B. in jedem Internetcafe ohne Aufhebens möglich! Das gleiche gilt für den Aufruf von Webseiten, Formulare ausdrucken usw.

Falls Sie kein Internetcafe in der Nähe haben und keinen eigenen PC und Internetzugang besitzen, erklärt sich vielleicht auch ein Freund bereit. Oder Sie dürfen Ihren Bürorechner benutzen. Glücklicherweise ist Internet-Zugriff mittlerweile für jeden machbar, wenn auch in Deutschland immer noch wucherteuer durch die Telekom Telefongebühren. Hier in Kalifornien sind alle Ortsgespräche bei einer monatlichen Grundgebühr von ca. $12 kostenlos. Viele Haushalte hängen per Telefonstandleitung 24h rund um die Uhr am Internet! In Deutschland geht das nur, wenn Sie Millionär sind, der obendrein die Telekom liebt. Eine Kombination mit eher geringer Wahrscheinlichkeit.

Auch für den Fall, das es in Europa überhaupt nicht klappt - macht nichts! Zum Glück sprechen wir hier ja über die USA. Die sind ja berühmt dafür, das Land der unbegrenzten Möglichkeiten zu ein. Stimmt in diesem Fall ganz sicher! Gewußt wie lautet bloß die Devise. Sobald Sie nämlich in Kalifornien angekommen sind, steht das Internet für Sie unbegrenzt zur Verfügung - und zwar völlig kostenlos! In fast jeder öffentlichen Bibliothek stehen Terminals, das heißt PCs, die über einen WWW-Zugang verfügen und mit Laserdrucker ausgestattet sind. Und diese PCs stehen jedem Besucher der Bibliothek kostenfrei zu Verfügung (für das Ausdrucken von Seiten werden einige Cents pro Seite berechnet).

Tip
In der San Francisco Main Library stehen etwa 50(!) Rechner für kostenlosen Internetzugang und warten auf Sie. Das Personal ist immer gern bereit, Ihnen den Umgang damit zu erklären. Da gleiche gilt auch für andere Orte in Kalifornien mit manchmal allerdings weniger Computern. Der einzige kleine Nachteil besteht in den manchmal lästigen Wartezeiten falls gerade grosser Andrang herrscht.

Daneben gibt es Bürodienstketten die den gleichen Service anbieten, allerdings ist dieser dort immer kostenpflichtig. In 1999 beträgt der Nutzungspreis für einen Computer inclusiveInternetanschluss $12 pro Stunde. Die größte dieser Ketten heißt Kinkos und ist in jeder größeren Stadt in den USA vertreten.

3.0 California - The Golden State

Kalifornien, oder besser: California! Hat nicht schon der Name etwas magisch Anziehendes? 32 Millionen Menschen leben heute in dem Pazifikstaat der USA. Nur 11 Prozent der Bevölkerung sind älter als 65 Jahre. Weit über die Hälfte aller Einwohner wohnen in der eigenen Immobilie. Es gibt sagenhafte Naturschauspiele zu bewundern. Dabei täuschen sich viele Europäer über die wahren Grössenverhältnisse: Kaliforniens Landfläche ist ungefähr 20% grösser als die des neuen Deutschland. Von San Francisco nach Los Angeles sind es über 600km!

Wilde Gegensätze, wo man nur hinschaut, beherrschen die Szenerie. Pazifikküste und Wüsten, Riesenbäume und Wolkenkratzer, Weltfirmen und Gaukler, Orangen und Skifahren. Falls Sie gleich mal live schauen wollen: die Adresse einiger Webcams (das sind Live-Fernsehcameras, die direkt ins Internet übertragen) und die der kalifornischen Staatsregierung mit Informationen rund um Kalifornien lautet:

Sofort-Kontakt

http://wct.images.com/earth/northamerica/usa/california

http://state.ca.us

Weshalb Kalifornien seine Popularität von Jahr zu Jahr stark steigern kann und auch Mitteleuropäer in einem Maße anzieht, das eine zeitlang selbst die inländischen Politiker und Wirtschaftler überrascht hat, darüber gehen die Meinungen nicht sehr auseinander. Gemässigtes Klima, lockeres entspanntes Leben, eine auf hohem Standard stehende Infrastruktur, fast alle Rang-und-Namen High-Tech Firmen dieser Erde mit ihrem Headquarter vor Ort, gefallene Flugpreise und wachsende Unabhängigkeiten, die von immer mehr

Menschen entdeckt und genutzt werden, sind einige der Gründe.
Doch mit ausschließlicher Ratio ist die Faszination "California nicht ganz zu erklären. "Hier riecht man jeden Morgen seine Freiheit!" ist ein mittlerweile bekannter Spruch bei allen Eingewanderten. Nach den ersten eigenen Erfahrungen will man dem leicht zustimmen.
So ist die Wahl von Kalifornien als Haupt- oder Zweitwohnsitz ein Schritt, der nur zu gut zu verstehen ist. Trotz der vielen Millionen Einwohner kann noch jeder sein ruhiges Plätzchen finden, wenn er es nur möchte: Sobald aus den Ballungsgebieten heraus, gibt es in Kalifornien endlose einsame Strände, wenig befahrene Straßen und ein streßfreies Leben, in dem auf nichts verzichtet werden muss.

3.1 Old and Young - Kaliforniens Geschichte

Vor 150 Jahren trat Kalifornien den Vereinigten Staaten von Amerika als souveränes und gleiches Mitglied unter Gleichen bei. Ursprünglich 1769 von Spanien gegründet, später im frühen 19. Jahrhundert von Mexico umorganisiert und nahezu unabhängig nach einer Revolution in 1836, wurde Kalifornien 1848 schnödes Militärterritorium.
Doch dann kam der weltberühmte Goldrausch - und mit ihm die grösste Einwanderungswelle in der amerikanischen Geschichte. Kalifornien zog innerhalb kürzester Zeit Hundertausende von Einwanderern an, die die Hoffnung auf den grossen, schnellen Reichtum in sich trugen. In lediglich 20 kleinen Jährchen verwandelte sich die nur verstreut besiedelte Provinz "California" in eines der prosperierendsten Gebiete auf dem nordamerikanischen Kontinent.
Eines der ersten Dinge, das die frischgebackenen Kalifornier in die Hand nahmen, war die Einrichtung einer Staatsregierung. Im Dezember 1849, noch bevor überhaupt die Staatsanerkennung durch die USA ausgegeben war, schwor der42jährige Rechtsanwalt Peter Hardeman Burnett mit der Hand auf der Bibel seinen Eid als erster Gouverneur von Kalifornien. Seine grösste Herausforderung bestand darin, die Kalifornier - abgelenkt durch die allmächtige Sucht nach dem

schnellen Gold - zu vereinigen, zu integrieren und bei Ihnen ein gemeinsames Bewusstsein zu erzeugen. Das war schon deshalb keine einfache Aufgabe, weil zu diesem Zeitpunkt nahezu alle Siedlungen und Dörfer zu ähnlich grossen Teilen aus spanisch- und englischsprechenden Gruppen bestand.
Doch der Gouverneur war erfolgreich. 1848 war San Francisco ein Dorf mit ein paar Hundert Einwohnern und keine 40 Jahre später, in den frühen 1870gern, war "Frisco" schon zur zehntgrössten Stadt in Kalifornien aufgestiegen. 1869 eröffnete die kalifornische Staatsuniversität ihre Hörsäale und 1888 machten die Naturwissenschaften einen weiteren kräftigen Sprung nach vorn - durch die Eröffnung des Lick Observatoriums auf dem Mount Hamilton, östlich von San Jose. Zur Jahrhundertwende entdeckten dann auch die Schöngeister aus der Schriftstellerriege den boomenden Staat am Pazifik. Namen wie Jack London, Frank Norris, Mary Austin und Gertrude Atherton, die sämtlich zumindest Teile ihres Lebens im fast schon berühmten Kalifornien verbrachten, sind auch heute noch in vieler Munde.
Die Normalbürger unterdessen richteten sich ein und bauten Häuser in nie gekannten Mengen. Die weltweiten Nachrichten über die vielen Möglichkeiten im sonnigen Staat der USA zogen Menschen aus aller Herren Länder an. Das war aber gar nichts Neues, denn bereits zu spanischen Zeiten hatten sich viele verschiedene Nationalitäten, Rassen und Religionen eingefunden. Die Gründer von Los Angeles in 1781 zum Beispiel stammten von europäischer, afrikanischer und indianischer Herkunft ab. So war es schon damals nichts Besonderes, Repräsentanten von Lateinamerika, Hawaii, Europa oder Mexico anzutreffen.
Die industrielle Entwicklung schritt ebenfalls voran. Zu dieser Zeit dominierte noch der Schienentransport und in den achtziger Jahren des vergangenen Jahrhunderts war es dann endlich geschafft: eine Direktverbindung zwischen Süd-Kalifornien und dem Osten. Dadurch setzte abermals ein Schub von zuziehenden Menschen ein, der in die Hunderttausende zählte.
Ein nächster grosser Einwanderer-Schub entwickelte sich durch den Ausbruch des ersten Weltkrieges. Dieser brachte direkt und indirekt mehr als 3 Millionen Menschen nach Süd-Kalifornien, wovon sich mehr als 30% in Los Angeles

niederliessen. Nicht viel später erreichte eine weitere Million, überwiegend Flüchtlinge, den Staat.
Und schliesslich setzte die grösste Einwanderungswelle der Neuzeit ein. Auslöser war der zweite Weltkrieg und der folgende kalte Krieg zwischen den beiden Supermächten USA und UDSSR: Millionen von Soldaten und Personal von verwandten Militärdiensten wurden in Kalifornien trainiert oder auf ihrem Weg hier zwischenstationiert. Weitere Millionen von Menschen wurden von der Rüstungsindustrie beschäftigt. Als dann der Krieg vorüber war, gingen viele dieser Menschen einfach nicht mehr zurück. Es hatte ihnen trotz der tragischen Umstände in Kalifornien zu gut gefallen...
So ist es zu erklären, das zwischen 1939 und 1962 Kaliforniens Bevölkerung von 9 auf über 20 Millionen explodierte! Damit überholte es New York als den meistbevölkerten Staat der USA.
Dann fiel die Berliner Mauer und die Sowietunion löste sich auf. Die Verteidungshaushalte gingen überall auf der Welt zurück und Kaliforniens Wirtschaft, deren Haushalt immer noch zu einem grossen Teil auf der Rüstungsindustrie basierte, spürte diesen Einfluss schmerzlich. So wurde in den folgenden Jahren viel Energie darauf verwendet, die Wirtschaft zu diversifieren und fit zu machen für die Nach-dem-kalten-Krieg-Ära.
Dieses Vorhaben gelang weit besser als jemals angenommen. Die quasi-permanente Revolution im Elektronikbereich, kombiniert mit amerikanischer Ungezwungenheit, Risikofreude und Erfindergeist bescherte dem Silicon Valley, von dem heute ohne Übertreibung gesagt werden kann, das es das Herz der Computer- und Telekommunikations-Forschung und Entwicklung dieser Erde ist, einen Boom sondersgleichen. Obwohl auch die anderen typischen California-Branchen wie Tourismus, Unterhaltung und Landwirtschaft regelmässig hohe Wachstumsraten aufweisen, schlägt keine davon die Elektronikindustrie.
Dadurch wiederum wurde eine ganze Heerschar von privaten und industriellen Finanziers, Herstellerbetrieben usw. angezogen, die den Wirtschaftskreislauf ständig weiter anfeuert. Interessant dabei ist, das Kaliforniens Regierung sehr genau weiss, was Regelung und Bürokratismus, kurz jede Einmischung von Behörden aller Art anrichten kann und der denkbar miserabelste Partner für wissenschaftlichen und

wirtschaftlichen Erfolg ist. Sie hält sich folgerichtig sehr zurück. Der kalifornische Wirtschaftsmotor brummt deshalb dermassen, das bereits weltweit einige kritische Stimmen laut werden, die sich über den zunehmenden “Braindraw” offen oder verdeckt beschweren.
Man versteht unter Braindraw den Wegzug von grossen Zahlen intelligenter und gut ausgebildeter Menschen (brains) aus ihrem Heimatland um in Kalifornien zu leben - wo sie sich durch ungezwungenes Leben, guten Verdienst, wenig Reglementierung etc. wesentlich besser entfalten können. Und tatsächlich - viele der erfolgreichsten deutschen Wissenschaftler findet man heute in Silicon Valley, nicht etwa in Deutschland...
Über Kalifornien wird gesagt, das es das Baby der amerikanischen Zukunft ist und man am Zustand von Kalifornien den zukünftigen Zustand der USA ablesen kann. Es ist wahr, das hier oft zuerst getestet wird, ob die neue Idee oder revolutionäre Technik sich so verhält und am Markt angenommen wird wie erhofft oder geplant. In Kalifornien werden Meinungen und Erfahrungen mit dem Ziel gesammelt, sie auf Gesamt-Amerika und später auf die Welt zu übertragen: Ein Produkt, das hier durchgefallen ist, sei es ein neuer Hamburger oder ein neuer Computer, hat denkbar schlechte Chancen, jemals auf die US- oder Weltbühne gestellt zu werden. Was immer die nächste Frage oder Bitte an Kalifornien sein wird - sie wird wahrscheinlich problemlos beantwortet und erfüllt werden. Nicht zuletzt deshalb, weil die Kalifornier Standpunkte wie “Das haben wir schon immer so gemacht!” und “Das geht doch nicht!” abgrundtief verachten.
Heute kann leicht behauptet werden, das sich Kaliforniens Bevölkerung aus allen Nationen, Rassen und Religionen dieser Erde zusammensetzt: Europäer, Indianer, Chinesen, Japaner, Eskimos (!), Araber, Inder, Lateinamerikaner - es gibt einfach keinen Landstrich der Erde, der nicht vertreten wäre. Auch in dieser Mischung dürfte ein Grund dafür liegen, das ein an Verschiedenheit nicht zu überbietender Pool an Ideen, Meinungen und Träumen entsteht, der die ständige Weiterentwicklung Kaliforniens in vielen wirtschaftlichen und soziologischen Hinsichten sehr unterstützt.

3.2 Up and Down - Kaliforniens Geographie

Kalifornien ist einfach unbeschreiblich. Die Verschiedenheit der Landschaften und Naturschauspiele kann nur mit einzigartig beschrieben werden. In keinem einzigen anderen Staat der USA gibt es eine vergleichbare Vielfalt. Extreme Hitze in den verschiedenen Wüsten, trockene Kälte in ausgezeichneten Skigebieten, einige der heissesten und trockensten Orte der USA gleich neben den feuchtesten, Riesenbäume, durch deren Stamm Autos fahren, eine lange Pazifikküste die von rauh bis sandwarm reicht...

Da ist es nicht überraschend, das der höchste und der flachste Punkt der USA zusammen in Kalifornien liegen. Und auch nicht, das diese beiden Punkte noch nicht einmal 100 Meilen von einander entfernt sind.

Nahezu jede Landschaftsform dieser Erde findet sich in Kaliforniens Natur wieder. Hoch oben im Norden Gebirge und Wälder von riesigen Ausmassen, die Kalifornien zu einem der führenden Holzproduzenten der Erde machen. In der Mitte ist der Staat von grossen Tälern dominiert. Das Central Valley mit dem Sacramento Valley im Norden und dem San Joaquin Valley im Süden - ist ein nahezu unbegrenztes Gebiet für den Anbau von jeglichen Gewächsen, die auf der Nordhalbkugel unserer Erde vorkommen. Tatsächlich ist Kalifornien marktführend in sehr vielen Bereichen des landwirtschaftlichen Anbaus. Die Vision des frühen US-Präsidenten Thomas Jefferson im späten achtzehnten Jahrhundert ist wahrgeworden: Kalifornien, der Garten des Westens.

Süd-Kalifornien wird dominiert von einer grossen Ebene, der Los Angeles Ebene, die Heimat von fast 13 Millionen Menschen ist. Südöstlich davon liegt die riesige Colorado Wüste, die zusammen mit der Sierra Nevada die östliche Grenze von Kalifornien definiert.

Auch geologisch ist Kalifornien im wahrsten Sinn des Wortes einmalig. Bis vor kurzem - nach geologischen Zeitmasstäben - gab es die Landfläche des Staates noch gar nicht. Der Grossteil von Kaliforniens Landfläche besteht aus verschiedenen Teilen von Erdkruste, die von überall auf der Erdoberfläche "angeschwemmt" wurden und mit der Westseite des amerkanischen Kontinents durch geologische Gezeitenwirkung

“verschweisst “ wurden.
Fast alle Oberflächen Kaliforniens sind sehr jung nach geologischen Termen, nur einige wenige Millionen Jahre alt. Die einzige Ausnahme ist der Fundamentfels der sich immer noch im Aufbau befindlichen Gebirge. Die ältesten Felsen in Kalifornien sind ca. 1000 Millionen Jahre alt (San Bernardino, San Gabriel Gebirge, Death Valley). Das ist zwar immer noch viel jünger als die Erde (4500 Millionen Jahre), aber eben mit Abstand das älteste Gestein in Kalifornien.
Interessant ist der Vergleich der Gesteine aus den San Gabriel Mountains und denjenigen der Orocopia Mountains östlich des Saltonsees. Diese beiden Orte liegen nur 130 Meilen auseinander - allerdings auf den gegenüberliegenden Seiten des berühmten San Andreas Grabens (der Graben ist die Grenze zwischen der nordamerikanischen und pazifischen Platte): Ein paar Hundert Millionen Jahre war es relativ ruhig in Nordamerika, die Küstenlinie des Pazifiks befand sich östlich des heutigen Kalifornien, wahrscheinlich im Raum Utah-Idaho. Davon zeugen unter anderem dicke Schichten von Marinegestein, Korallenablagerungen und Muschelreste in den Gebirgen der Sierra Nevada.
Die wichtigen Änderungen begannen erst so ungefähr vor 25-29 Millionen Jahren. Durch den gigantischen Kampf zwischen der ozeanischen Plattenformation und der westlichen Seite der nordamerikanischen Platte wurde der berüchtigte San Andreas Graben geformt. Vulkane brachen in der Sierra Nevada und Mojave Region fortwährend aus, Marine Becken bildeten sich danach.
Vor etwa 5 Millionen Jahren beschleunigte sich das Gebirgswachstum sehr (es hält bis heute an). Erst zu dieser Zeit nahm Kalifornien seine heutige Gestalt an (nur 0.1% der gesamten Geschichtszeit). An diesem Graben, der sich bis heute nicht beruhigt hat, reibt es sich immer noch. Er ist der Grund für den Ruf Kaliforniens, ein Erdbeben-Risikogebiet zu sein.

Erdbeben

Unter einem Erdbeben versteht man mehr oder weniger starke Vibrationen des Erdbodens, die durch unterirdische Vulkane

oder dem Brechen von unterridischem Gestein hervorgerufen werden. Die Stärken solcher Oberflächenbewegungen reichen von “ohne technische Messeinrichtungen nicht wahrnehmbar bis hin zu katastrophenartigen Ausmassen.
Die Wissenschaftler unterscheiden zwei Arten von Schockwellen: Primäre Schockwellen sind diejenigen, bei denen sich die Masseteilchen vor und zurück oszillierend in der Wellenrichung bewegen. Diese Wellen pflanzen sich unter der Erdoberfläche mit hoher Geschwindigkeit fort.
Sekundäre Wellen erzeugen Vibrationen, die sich rechtwinklig zur eigentlichen Welle ausbreiten. Diese Wellen pflanzen sich nicht unter, sondern auf der Erdoberfläche fort und sind wesentlich langsamer als die primären. Deshalb messen seismologische Messtationen immer die Primären Wellen zuerst.

Arten

Erdbeben werden hauptsächlich in zwei Gruppen eingeteilt, die tektonischen und die vulkanischen Beben. Es gibt noch eine dritte Art, die künstlich erzeugten, etwa durch Atomtests. Deren Stärke ist jedoch im Vergleich zu den natürlichen Beben sehr gering.
Tektonische Beben werden durch Bewegungen in der Plattengeologie verursacht, die die Erdkruste formen. Diese Art von Beben tritt üblicherweise tief unter der Oberfläche auf (bis zu 700 km), wo Platten zusammenstossen und gewaltige Reibungs- und Druckkräfte verursachen. Deshalb sind tektonische Beben die gewaltigsten und gefürchtesten. Sie machen fast die Hälfte aller Beben weltweit aus und erzeugen dabei 75% aller seismologischen Energie.
Vulkanische Beben sind im Allgemeinen weniger kraftvoll. Sie werden durch Magmafluss verursacht, der auf dem Weg nach oben unterirdische Kammern füllt - solange, bis diese Kammern wie Luftballons platzen. Diese Art von Beben ist selten zerstörerisch, dient aber manchmal der Ankündigung des “Big One”.
Erdbeben an sich sind nicht gefährlich, von der blossen Erschütterung der Erdoberfläche geht normalerweise wenig Gefahr aus. Die wirkliche Gefahr entsteht als indirekte Folge, nämlich durch einstürzende Gebäude, fallende Objekte,

Flutwellenerzeugung etc. Da der grösste Teil der Weltbevölkerung in dichtbesiedelten Stadtregionen lebt, ist die Verwundbarkeit durch Objekte von oben relativ hoch. Interessant zu wissen ist noch, das in nahezu allen katastrophenartigen Erdbebenfällen in der Geschichte die indirekten Folgen weitaus zerstörerischer als das Beben selbst waren.
Kommt es dann einmal zu einem richtig grossen Beben, dann können dabei als indirekte Folge einige Phänomene entstehen. Eines davon ist die sogenannte "Verflüssigung des Erdbodens", in dem dieser sich plötzlich wie Treibsand verhält und kein Gewicht mehr zu tragen vermag. Im grossen Beben von 1906 in San Francisco wurden ganze Häuser vom Untergrund regelrecht verschluckt. Ein anderes Phänomen sind Tsunamis, gigantische Meereswellen, die sich vornehmlich durch Meeresbeben bilden.
Eine oft verwendete Masseinheit für Beben ist das Richter, nach Charles Francis Richter. Diese Einheit misst die freigesetzte Energie im Bebenzentrum (Epizentrum). Dabei wird eine Skala von 1 bis 9 auf einer logarithmischen Skala verwendet, d.h. jeder Sprung um eins nach oben auf der Skala bedeutet eine Verzehnfachung der Kräfte: ein Richter 7 Beben ist zehnmal so stark wie ein Richter 6 Beben.
Kalifornien ist ein wenig berüchtigt für massive Erdbeben. Der Grund liegt hauptsächlich im San Andreas Graben. Dort liegt eines der aktivsten Bebenzentrengebiete unserer Erde, das für 600 Meilen quer durch den Staat verläuft. Der Graben selbst ist leicht vom Flugzeug oder Hubschrauber aus zu sehen.
Diese geologischen Zusammenhänge sind auch der Grund dafür, das in Kalifornien die strengsten Bauvorschriften der Welt hinsichtlich Erdbebensicherheit bestehen. Gebäude aller Art haben einen Standard erreicht, der Vorbild für viele Staaten der Welt ist, die mit ähnlichen Problemem zu kämpfen haben. Das California Institute of Technology in Pasadena wird als das weltweit führende Forschungszentrum seiner Art betrachtet.

3.3 Wet and Dry - Kaliforniens Klima

Falls Sie gerade im Moment mal wieder vom typisch deutschen Schmuddelwetter genervt sind, könnten Sie zur Aufmunterung ja mal kurz schauen, was zu dieser Stunde in Kalifornien gerade für Temperaturen und Bedingungen herrschen. Das Internet machts möglich. Tägliche Kurz- und Langzeitwettervorhersagen, Echtzeit-Satellitenfotos, Marinewetterlagen und vieles mehr zum Kalifornien Wetter finden Sie unter:

Sofort-Kontakt

http://www.weathercenter.com

Das Klima in Kalifornien ist genauso verschieden wie seine Landschaften, seine Menschen und seine Ideen. Deshalb gibt es *das* kalifornische Klima auch nicht. Vielmehr treten viele verschiedene Microklimen auf:
Weit im Norden tritt exzessiver Regenfall in bis zu 3 Jahreszeiten pro Jahr auf.
In der Sierra Nevada dagegen herrscht charakteristisches Gebirgsklima mit Schnee im Winter, Regen im Frühling, viel Sonne im Sommer und einem schönen Herbst.
Das Central Valley im Gegensatz dazu ist einfach nur heiss..sehr heiss für ein halbes Jahr. Die andere Hälfte des Jahres herrscht permanenter Frühling.
Weiter südlich an der Küste von Mendocino bis Santa Barbara wird das Wetter maritim und sonnig. Kühle Morgennebel gibt es trotzdem das ganze Jahr über, denen dann meistens klare Sonnenscheintage folgen.
Noch weiter südlicher wird das Klima süditalienisch, die Sonnenscheintageszahl liegt hier bei über 300 pro Jahr. Trotzdem treten jedoch heftige Regenschauer auf - und sobald die Sonne untergegangen ist, wird es schnell kühl.

Klimatabelle Los Angeles

Latitude 33°56'N - Longitude 118°24'W

	Jan	Feb	Mar	Apr	Mai	Jun	Jul	Aug	Sep	Okt	Nov	Dez	Jahr
TEMPERATUR (°F)													
Tägl. Höchst-	65.7	65.9	65.5	67.4	69.0	71.9	75.3	76.6	76.6	74.4	70.3	65.9	70.4
Tägl. Tiefst-	47.8	49.3	50.5	52.8	56.3	59.5	62.8	64.2	63.2	59.2	52.8	47.9	55.5
Durchschnittstage													
Sonnenaufgang-Sonnenuntergang													
klar	12.1	11.1	11.6	11.4	10.3	9.9	12.6	14.0	13.4	13.2	14.6	12.9	146.9
teilw. bewölkt	8.0	6.4	8.6	9.1	10.8	11.2	13.1	11.9	10.4	9.9	7.8	8.4	115.7
bedeckt	10.9	10.8	10.8	9.5	9.9	9.0	5.3	5.1	6.2	7.9	7.6	9.7	102.5
Regen													
1mm und mehr	6.1	6.1	5.9	3.2	1.2	0.5	0.6	0.4	1.0	1.9	3.4	5.2	35.4
Schnee, Eis, Hagel													
25mm und mehr	0.0	0.0	0.0	0.0	0.0	0.0	0.0	0.0	0.0	0.0	0.0	0.0	0.0
Gewitter	0.5	0.8	0.4	0.1	0.1	0.2	0.3	0.4	0.3	0.3	0.3	0.3	4.1
Dichter Nebel	4.3	3.2	3.0	2.3	1.4	1.3	1.6	2.1	3.3	4.5	4.8	5.0	36.7
Relative Feuchtigkeit (%)													
04.00 Uhr	70	74	79	80	83	85	86	86	84	80	72	69	79
10.00 Uhr	55	59	61	61	66	68	68	68	65	59	53	53	61
16.00 Uhr	60	63	65	64	66	67	68	69	67	65	61	60	65
22.00 Uhr	69	72	75	76	80	82	83	83	80	77	71	69	76
Wind													
Durchschnittsgeschw. (mph)	6.7	7.4	8.1	8.5	8.4	8.0	7.9	7.7	7.3	6.9	6.7	6.6	7.5
aus Richtung	W	W	W	WSW	WSW	WSW	WSW	WSW	WSW	W	W	W	WSW

Klimatabelle San Francisco

Latitude 37°37'N - Longitude 122°23'W

	Jan	Feb	Mar	Apr	Mai	Jun	Jul	Aug	Sep	Oct	Nov	Dez	Jahr
Temperatur (°F)													
Tägl. Höchst-	55.6	59.4	60.8	63.9	66.5	70.3	71.6	72.3	73.6	70.1	62.4	56.1	65.2
Tägl. Tiefst-	41.8	45.0	45.8	47.2	49.7	52.6	53.9	55.0	55.2	51.8	47.1	42.7	49.0
Durchschnittstage													
Sonnenaufgang - Sonnenuntergang													
klar	8.5	7.8	9.6	10.8	13.5	16.1	20.6	19.0	18.1	15.5	11.1	9.4	160.1
teilweise bewölkt	7.6	7.4	8.6	9.3	9.7	8.6	7.6	8.7	8.3	8.9	8.3	7.5	100.4
bewölkt	14.9	13.1	12.9	9.9	7.8	5.3	2.8	3.3	3.6	6.5	10.6	14.1	104.8
Regen													
1mm und mehr	10.8	9.6	10.0	5.9	2.9	1.2	0.3	0.5	1.0	3.5	7.0	9.9	62.5
Gewitter	**0.4**	**0.4**	**0.3**	**0.2**	**0.1**	**0.1**	**0.1**	**0.1**	**0.2**	**0.3**	**0.1**	**0.2**	**2.5**
Dichter Nebel	3.5	2.6	0.4	0.1	0.1	0.0	0.0	0.2	0.6	1.3	2.1	3.2	14.2
Relative Feuchtigkeit (%)													
04.00 Uhr	86	85	82	82	84	85	86	87	84	82	84	85	84
10.00 Uhr	79	76	71	65	64	63	65	67	66	68	72	77	69
16.00 Uhr	67	65	63	60	60	58	59	61	59	59	63	67	62
22.00 Uhr	81	79	77	77	79	80	82	83	80	77	77	80	79
Wind													
Geschwindigkeit (mph)	7.2	8.6	10.5	12.2	13.4	14.0	13.6	12.8	11.1	9.4	7.5	7.1	10.6
aus Richtung	WNW	WNW	WNW	WNW	W	W	NW	NW	NW	WNW	WNW	WNW	WNW

3.4 Heaven and Hell - Kaliforniens Wirtschaft

Mit Beginn der neunziger Jahre zeichnete sich ein Wirtschaftsaufschwung in dem Pazifikstaat ab, der seinesgleichen sucht und bis heute nichts an seinem "drive" verloren hat. Es kamen mehrere Faktoren zusammen: Computer wurden Massenware, die Internet-Industrie entstand, Amerikas Aufschwung produzierte viel Risikokapital - und Kalifornien selbst legte die berühmte Anpassungsfähigkeit und Flexibilität seiner Bürger und Regierung in die Wiege. Diese Zutaten produzierten eine derartige Aufschwungwelle, das in gar nicht wenigen HighTech-Firmen grosse Teile der Belegschaft, von Sekretärin bis zu Vorständen, Millionär durch Aktienoptionen geworden sind. Ein neuer, moderner Goldrausch sagen manche...

Im frühen 20. Jahrhundert war Kalifornien hauptsächlich Anbaugebiet für alle denkbaren Arten von landwirtschaftlichen Produkten. Zu einem ersten Wandel kam es durch den zweiten Weltkrieg, als sich Kalifornien in ein Zentrum für mechanische Fertigungen verwandelte und sich für lange Zeit auf diesen Lorbeeren ausruhte. Durch eine Rezession im Mechanikbereich gingen allein von 1990 bis 1993 über eine halbe Million Arbeitsplätze verloren. Luftfahrtindustrie, allgemeine Mechanik und das Bauhandwerk waren am schlimmsten betroffen.

Doch Kalifornien erwies sich als flexibel, schlau und schnell genug, auf die Füsse zu springen und einfach Spezialist in einem neuem Gebiet zu werden. Wie heute allgemein bekannt, wurde das sehr erfolgreich geschafft durch die Ansammlung von Hochtechnologiefirmen und deren Forschung, hauptsächlich im Computer-, Telekommunikations- und Biotech-Bereich.

Autorenmeinung: Spiegelt sich hier möglicherweise die Zukunft Deutschlands wider? Und falls ja, besitzt Germany die Eigenschaften, die einen Turnaround in Kalifornien ermöglichten?
Viel zu langes Ausruhen auf dem "Made in Germany", blindes Streben nach einem Grad an Perfektion, die niemand mehr zu bezahlen bereit ist, Qualität, die schon mittelfristig in Billiglohnländern viel günstiger produziert werden wird, die berüchtigte deutsche Ablehnung allem Neuen gegenüber, keine nennenswerte Forschung und Ausbildung im Computer- und Internetbereich und vieles mehr lassen für die nächsten Jahre und Jahrzehnte nichts Gutes vermuten.

Im weltweiten Kaufkraft-Vergleich ist Deutschland bereits auf Platz 20 abgestürzt (!), es führt, ebenfalls weltweit, in der Telefonüberwachung seiner eigenen Bürger, der ehem. Bundesgeschäftsführer der SPD (!) Peter Glotz sagt eine Verringerung des Lebensstandards um 20 bis 30% (!) in den nächsten Jahren voraus(..sollten nicht bald massive Änderungen geschehen..), die Auswanderungskurven zeigen steil nach oben und viele, auch traditionsreiche Firmen sitzen auf dem Sprung nach draussen...

Viele Indikatoren zeigen an, das Kaliforniens Wirtschaft nur so brummt:

256,000 neue Jobs in den ersten 9 Monaten von 1998
800,000 neue Jobs seit 1997
Einkommenswachstum ca. 7%
Kaufkraftwachstum ca 5.5%
Baugewerbeumsatzwachstum ca 21% in 1998

Heute ist Kalifornien in allen Hochwachstumsbranchen des 21. Jahrhunderts - Hochtechnologie, Internet, Multimedia, Exporthandel, Tourismus und Unterhaltung so fest etabliert und positioniert, das eine ernsthafte Bedrohung der Wirtschaftslage auch langfristig nicht sehr wahrscheinlich ist. Wie gigantisch die Verhältnisse wirklich sind, zeigt sich zum Beispiel daran, das der Umsatz der 150 grössten kalifornischen HighTech Firmen in 1997 bei 185 Milliarden Dollar lag. Dabei handelt es sich zum einen um eine Verdoppelung gegenüber 1993, aber auch die absolute Zahl ist interessant - und wie gesagt, Exporte, Landwirtschaftliche Produkte, die Unterhaltungsindustrie etc. sind darin noch gar nicht enthalten.
Die sogenannte Bay Area, der Grossraum San Francisco, ist Zentrum der Biotechnologie. 61 öffentlich gehandelte High-Tech-Biotech Firmen sind hier ansässig, soviel wie nirgendwo sonst in den ganzen USA. Darüberhinaus ist die San Francisco Region ein wichtiges Standbein im amerikanische Aussenhandel. Das Handelsvolumen steigt hier zur Zeit im Durchschnitt mit 11,5% pro Jahr, der gleiche Wert für das Los Angeles Basin beträgt mehr als 8% - Kaliforniens Exporte tragen mehr als 20 % zum gesamten US-Aussenhandel bei.

Der Staat wurde ausserdem Führer in der schnellwachsenden Multimedia-Industrie. Durch geschickte Verbindung der Unterhaltungsindustrie und weltbekannten gigantischen Filmstudios und deren Zulieferern mit dem grossen Pool an HighTech Know-How wurde eine fundierte Basis für die Zukunft geschaffen, die allein in Südkalifornien mehr als 30000 Arbeitsplätze eingerichtet hat.
Die grössten Anteile am kalifornischen Bruttosozialprodukt sind wie folgt verteilt:

22%	Technische Servicedienstleistungen wie Programmierungen und Internet
21%	Finanz- und Finanzierungswesen
15%	Mechanische Produktionen

Trotzdem besteht die Wirtschaft Kaliforniens nicht nur aus Technik in dem einen oder anderen Sinn. Die Anbaulandwirtschaft ist nach wie vor ein grosser und nicht zu unterschätzender Faktor. Dabei bleibt das Central Valley weiterhin mit Abstand der grösste Lieferant des Landes. Über die vergangenen 50 Jahre hielt Kalifornien den Spitzenplatz unter allen anderen Staaten in der USA hinsichtlich der Produktion in der Landwirtschaft. $25 Milliarden Dollar an Orangen, Gemüsen, Getreiden etc. wurden produziert. Diese Zahlen sind Spiegel eines landwirtschaftlichen Garten Edens: trotzdem tragen sie "nur" 3% zum Landes-Bruttosozialprodukt bei.
Im Exportbereich findet sich ein anderes Standbein der Wirtschaft. Die Hälfte aller Exporte Kaliforniens werden in nur 11 Länder - Japan, Korea, China, Taiwan, Hong Kong, Singapur, Thailand, Indonesien, Philippinen und Malayisia - geliefert, wobei Japan trotz der eigenen wirtschaftlichen Probleme im Land Kaliforniens Hauptabnehmer bleibt. Der Rest der Welt teilt sich die andere Hälfte. Kaliforniens Exporte in die EU stiegen in 1998 kräftig an auf 11,5 Milliarden Dollar.

3.5 High and Low - Kaliforniens Politik

Das föderale System der Vereinigten Staaten von Amerika greift nur auf wenigen Gebieten in die Souveränität der Bundesstaaten ein und läßt diesen damit viel eigene Entscheidungs- und Regelungsfreiheiten. Deshalb kann man ohne Übertreibung von eigenständigen Staaten innerhalb der USA sprechen, wenn man von der gemeinsamen Währung und Verteidigung, unkontrollierten Grenzen und ein paar anderen Bundesangelegenheiten einmal absieht.
Eine Staatenregierung ist also durchaus ernst zu nehmen, sie ist auf keinen Fall zum verlängerten Arm Washingtons degradiert, so wie das zum Beispiel in Deutschland mit dem Verhältnis der Länderregierungen zur Hauptstadt der Fall ist. Deshalb ist es übrigens auch keine Übertreibung in den amerikanischen Krimis wenn dort gezeigt wird, daß manches Auftreten des Bundes-FBIs bei den regionalen Sheriffs als Einmischung in die Staatssouveränität betrachtet wird. Dieses Verhalten und Denkmuster ist tatsächlich der Realität.
Nicht zuletzt diese Staatendivergenz und -konkurrenz dürfte ein wesentlicher Faktor für Amerikas Erfolge auf so vielen unterschiedlichen Gebieten sein. Die 50 Bundesstaaten stehen untereinander in Konkurrenz, was auf ganz natürlichem Weg zu Leistungs- und auch Belohnungsdenken bei Regierungen und Bürgern führt. So können Preise, Steuern, Staatshilfen und vieles andere von Bundesstaat zu Bundesstaat stark variieren. Das führt etwa dazu, das eine nicht unerhebliche Anzahl von Yachten, obwohl permanent in Kalifornien vor Anker, in Wilmington, Delaware, registriert ist (so sie überhaupt in den USA registriert sind). Weil in Delaware die Steuern und Registrierungsgebühren wesentlich niedriger liegen und darüberhinaus die Haftpflichtrisiken einfacher und günstiger abgedeckt werden können.
Beispiele für diese »Staatendivergenz« gibt es zahllose und nicht wenige Menschen sind genau damit reich geworden, nämlich die unterschiedlichen Gefälle geschickt auszunutzen. Auf der anderen Seite kümmert sich die große Masse an Bürgern nicht um diesen Sachverhalt und viele sind zu bequem, sich die entsprechenden Informationen zu beschaffen und auszunutzen. Natürlich ist es verwaltungstechnisch in der Praxis immer etwas

komplexer als es sich hier liest, doch am Prinzip ändert das nichts: Wenn Sie sich ausreichend informieren, können Sie sich oft interessante Vorteile zunutze machen.
Über die nächsten 25 Jahre wird in Kalifornien mit einer Steigerung der Bevölkerungszahlen von heute 32 Millionen auf 50 Millionen gerechnet. Das bedeutet, das mit grossen Herausforderungen an die Infrastruktur zu rechnen ist und deshalb viele Aufträge in Bauindustrie, Arbeitsplätze in Universitäten, Schulen etc. erwartet werden. Damit kommen grosse Herausforderungen auf die Staatenregierung zu. Reichen die Planungen für den Straßenbau, Schulen, Verwaltungen aus? Müßen wir unsere Pläne ändern? Und wenn ja, um wieviel?
Wie jeder andere Staat der USA auch ist Kalifornien unterteilt in die sogenannten Counties, die etwa unseren Landkreisen entsprechen. Davon gibt es 67 an der Zahl. Oft tragen Sie schöne Namen wie etwa Mendocino-, Orange- oder einfach San Francisco County. Interessant ist, das auch die Counties eine weitaus größere Unabhängigkeit von der Landesregierung geniessen als etwa die Landkreise in Deutschland. So können Counties durchaus unterschiedliche Polizeiaufgaben und Uniformen bestimmen und verschiedene Steueraufschläge, ja sogar verschiedene Steuern festlegen.

3.6 Numbers and Letters - Kaliforniens Strukturen

Sie können sich nicht vorstellen, welche Unzahl an Daten und Statistiken in Amerika frei verfügbar sind - wenn man sie einmal gefunden hat. So war auch nicht die Recherche zu diesem Kapitel das eigentliche Problem, sondern vielmehr die Entscheidungen, was Sie, den Leser interessiert und was nicht. Da es eine solche Unmenge an Zahlen gibt und Ihr Interesse wahrscheinlich sehr unterschiedlich sein wird, möchte ich Sie nicht mit langweiligen Zahlentabellen auf die Folter spannen. Sie bekommen genau die Zahlen, die Sie interessieren und noch viel mehr bei:

Sofort - Kontakt

http://www.census.gov

3.7 Die Amerikaner im wirklichen Leben...

> *„Ich habe nichts gegen Fremde. Einige meiner besten Freunde sind Fremde. Aber diese Fremden dort - die sind nicht von hier..“*
>
> Methusalix in „Asterix und Obelix“

Weil anscheinend jede Nation dieser Erde ihre Vorurteile über alle anderen Nationen der Erde haben muss, deswegen gibt es natürlich auch eine Unzahl von Vorurteilen über die Amerikaner. Ich kann Ihnen heute bestätigen: Alle stimmen. Alle!
Allerdings treffen auch diejenigen auf die Amerikaner zu, die für Araber, Deutsche, Japaner eceteretatta bestimmt sind. Deshalb ist dieses Kapitel ein wenig schwierig. Natürlich macht man so manche Beobachtung und natürlich hat man seine Erlebnisse. Aber deshalb alle Menschen und Verhaltensweisen über einen Kamm scheren? Das wäre nicht gerecht. Auch nach vielen Urlauben oder langen Jahren des Aufenthaltes kann man sich nur schwer anmaßen, alle Einwohner oder den »typischen« Amerikaner zu kennen.
Um also so vorurteilslos wie nur möglich an dieses Thema heranzugehen, erzähle ich Ihnen einfach ein paar tatsächlich geschehene Begebenheiten mit der Bitte und der Empfehlung, das Sie sich bei Ihrem Aufenthalt ein eigenes, persönliches Bild machen. Immer wenn Sie „..die Amis..“ lesen, dann ist damit gemeint „..die Amerikaner, die ich kenne“.

•••

Am Strand von Malibu. Palmen wiegen sich sanft im leichten Wind, das tiefblaue Meer erstreckt sich bis zum Horizont. Ein Tag wie jeder Tag mit leuchtend blauem Himmel, kein Wölkchen zu sehen und 31 Grad Celsius Lufttemperatur. Ein paar Menschen liegen da und ahlen sich in der Sonne, andere planschen im Wasser. Fröhliches Kindergeschrei ist zu hören und Badehosen und Bikinis soweit das Auge blickt.
Doch was ist das? Eine Fata Morgana? Garmisch-Patenkirchen? Man glaubt es nicht. Ein Ski-Langläufer! Auf dem heißen Sand. Professionelle Langlaufskier an seinen Füßen, trainiert er, nur mit Badehose bekleidet, regelmäßig auf dem Sandstrand unter

greller Sonne!

•••

Und dann gibts den Klimaanlagen-Fanatismus. Jedenfalls scheint es den Neuankömmlingen in der ersten Zeit so. Die Amerikaner hechten von der Klimaanlage im Haus, zu der im Auto zu der im Büro zu der im Geschäft zu der zuhause. Und die Temperaturunterschiede zur Aussentemperatur können eklatant sein. Man kann im 7-Eleven wirklich im ersten Moment ins Frieren kommen. Vielen Menschen gefällt das nicht und sie fragen sich oft, weshalb so übertrieben wird mit der Kühlung.

•••

Vielleicht haben Sie es als Kind genau wie ich gehaßt, pures Wasser oder Mineralwasser zu trinken. Das mindeste war ja wohl Sprudellimonade mit irgendeinem Geschmack! Aber reines Wasser - igitt! Deshalb käme mir Amerika als Kind auch gleich wie mein Traumdrinkland vor. Hundertausende von verschiedenen Softdrinks und Säften haben sie hier. Ein Traum! Doch der hat sich ziemlich schnell in einen Alptraum in Form eines gewissen Figurverlustes verwandelt. Naja, Verlust ist wohl kaum das richtige Wort. Eher das Gegenteil. Sehr viele Getränke sind nämlich unter massiven Einsatz von Zucker hergestellt. Wegen der oft warmen bis heißen Temperaturen, die für eine wesentlich höhere Flüssigkeitszunahme pro Tag als in Europa sorgen, ist es so überhaupt kein Problem, den gesamten Tagesbedarf an Kalorien (ja ich weiß, korrekt wären eigentlich Joule) nur in Getränken zu sich zu nehmen. Was das für die Figur bedeutet, können Sie sich ja ausmalen. So entdeckte ich also plötzlich die Vorzüge des Wassertrinkens. Und wissen Sie was? Wasser gibt es so gut wie überall kostenlos. Verdursten muß in den USA niemand. Ob an der Tankstelle, beim BurgerKing, oder im Restaurant, die order »Just a water please« wird prompt, kostenfrei und inclusive der obligatorischen Eiswürfel erfüllt.
Weil wir bei gerade bei den Getränken sind: Bei Burgerking, Shooters und einigen anderen Restaurantketten gibt es den free refill. Sie bezahlen nur einmal und bekommen sooft Sie möchten nachgeschenkt bzw. dürfen selbst unbegrenzt auffüllen. Wer jetzt gleich weiterdenkt - nein nein, für alkoholische Getränke gilt dies nicht.

•••

Sehr angenehm ist die unterschwellige Freundlichkeit zwischen den einzelnen, aber sich fremden Menschen. So geschieht es immer wieder, das Sie auf einem kostenpflichtigen Parkplatz von Leuten, die ihn gerade verlassen, das Ticket in die Hand gedrückt bekommen, wenn sich darauf noch Parkzeit befindet.

•••

Die Bezeichnung »friend« ist mit »Freund« eigentlich nicht zu übersetzen. Mit einem Freund im europäischen Sinne hat das überhaupt nichts zu tun - die richtige Übersetzung für »my friend« lautet eher »mein Bekannter«, allenfalls »mein guter Bekannter«. Ein wirklich guter Freund wird z.B. Buddy genannt. Überhaupt die oft beklagte Oberflächlichkeit der Amerikaner: Soweit ich es überblicken kann, handelt es sich dabei oft um den Ausdruck einer völlig falschen Erwartung auf seiten der Klagenden. Vielleicht, weil man freundlichen und zuvorkommenden Umgang unter Fremden nicht mehr häufig erlebt, dieses Verhalten gleich als Freundschaftsbeweis interpretiert und deshalb noch mehr erwartet.

•••

Ganz hoch angesehen ist die freie Meinungsäußerung bei den Amerikanern. Das geht zum Teil so weit, das sensiblere Naturen aus Mitteleuropa geschockt sein können. So sprechen sich auch angesehene Tageszeitungen in laufenden Wiederholungen und über zahllose Spalten für das **Nicht**verfolgen von Nazi-Seiten, Ku-Klux-Klan etc. im Internet und sonstwo aus. Und wenn man es sich genau überlegt: Nur die stetige, nicht nachlassende Forderung nach uneingeschränkter Freiheit ist der wohl einzige Weg, um Staatszensur und schleichende Beschneidung von Rechten aller Art zu verhindern. Und davor hat jeder Ami ein Trauma, weit mehr als Sie und ich. Well, jetzt wo ich es mir genau überlege - vielleicht sind gerade Sie und ich nicht so passende Beispiele. Jedenfalls, die Amis sagen sich: Bloß der Regierung nicht glauben, nicht vertrauen, nichts geben (Informationen, Geld, Rechte...)! Find' ich gut.

•••

Neid oder Denunziantentum, wie in Deutschland immer häufiger beobachtet, ist völlig unbekannt. Niemand käme auch nur im Traum auf die Idee, jemand anderen wegen irgendetwas bei den Behörden oder der Polizei anzuzeigen. Ob es sich um zu laute Musik, Falschparken oder was auch immer handelt spielt keine Rolle. Wenn ein Sachverhalt klärungsbedürftig ist, dann macht man das untereinander aus, alles andere gilt als eigener Unfähigkeitsbeweis und obendrein als eine in diesen Punkten verabscheute Zuarbeit für die Behörden.
Oder Neid. Anstatt mißgünstig hinter dem Vorhang hervorzustarren wenn jemand plötzlich mit einen schönen neuen Auto nachhause fährt, kommt der Nachbar rüber, gratuliert Ihnen zum tollen Wagen, freut sich ehrlich mit Ihnen und fragt, wie Sie das gemacht haben. Damit er es Ihnen vielleicht nachtun kann.

•••

San Diego. Ein Mittwoch Abend mit angesetzter 60er und 70er Jahre Party auf der ganze Straße. Der Verkehr fliesst nur sehr langsam. Autos, Motorräder, Klamotten aus dieser Zeit, die auch getragen werden. Viele Bands spielen live mitten auf dem Bürgersteig. Überall stehen und gehen Passanten jeden Alters und amüsieren sich. Eine Band hat es besonders angetan, sie spielt Elvis nach. Spontan fangen viele Paare an zu tanzen. Zwei um die 70jährige tanzen den Rock'n'Roll mit Abstand am besten...

•••

Freudig überrascht werden Sie von der Umtauschpolitik des Einzelhandels sein. Dort wird Ihnen nämlich so gut wie alles und so gut wie immer umgetauscht. Bedingung: Ihr Einkaufsbeleg. Ich kenne mehrere Amerikaner, die das regelrecht ausnutzen: Letztens mußte eine Palme im Garten gefällt werden. Also hat er bei Sears eine Motorsäge gekauft, die Palme im Garten damit erlegt und die Säge, noch nicht einmal saubergemacht, wieder zurückgegeben. Gegen cash. Fragen Sie mich nicht warum, aber es funktioniert. Man wird Sie nicht einmal nach einem Grund für die Rückgabe fragen. Das Einkaufen in grossen Märkten funktioniert sowieso etwas anders als in Deutschland. Wann immer sie ein Artikel interessiert, der nicht ausgezeichnet ist: Einfach hinein damit in den Einkaufswagen. Der Kunde rennt doch nicht den Verkäufern hinterher! Erst an der Kasse lassen Sie sich zuerst den Preis nennen und entscheiden dann, ob Sie kaufen möchten oder nicht. Auch wenn die Hälfte Ihres Einkaufswagensinhaltes an der Kasse zurückbleibt, na und? Das ist normales Verhalten hier.

•••

Und noch schnell zu den Kreditkarten. Die werden wirklich überall und für alles benutzt. Auch für Einkäufe in der Größenordnung $2,95! Also, keine Skrupel. Wissen Sie übrigens, wie manche erfolgreiche Unternehmer ihre Geschäftsidee ohne einen einzigen eigenen Dollar begonnen haben - und viele es auch heute noch tun? Die beantragen nämlich einfach 10-12 verschiedene Kreditkarten! Jede kommt im Durchschnitt mit ungefähr $500 Kredit. Damit haben sie dann also $5000-$6000 Startkapital zu Verfügung. Ich möchte betonen, daß dies ein ernsthaftes Buch ist und ich Ihnen hier keine Witze erzähle.

•••

Die Amis lieben Verschwörungstheorien. Angeblich werden die USA und auch die ganze westliche Welt, nicht von Demokratie, sondern von relativ kleinen und geheimen Gruppen beherrscht. Immer wieder tauchen Bezeichnungen wie *Freimaurer*, *Illuminaten* und verschiedene suspekte internationale Regierungsgruppierungen wie der *Council for Foreign Relations (CFR)* als wahre und böse Machtinhaber auf, die angeblich den Präsidenten der USA, aber auch den Kanzlern, Premierministern etc. vieler anderer Länder sagen, wo es lang zu gehen hat. Und wer nicht spurt, der fliegt. Oder genauer gesagt, der verliert auf eher merkwürdige Weise sein Leben. Sagen die Theorien. Zu diesen Opfern soll auch Kennedy zählen, weil er sich nicht unterordnen wollte. Diese Gruppierung soll nahezu alle Weltunternehmen und Regierungen besitzen, steuern oder unterwandert haben. Zu den Mitgliedern des CFR sollen Bill Clinton, Helmut Kohl, Michael Eisner (Walt Disney), Henry Kissinger, Henry Ford, alle Rothschilds, Herr Schrempp (DaimlerChrysler), Gerhard Schröder usw. usw. gehören. Das wäre an sich nicht weiter tragisch, wenn der CFR Mitglieder im Bereich der Hundertausende oder gar Millionen hätte. Doch es

sind angeblich weltweit nur 3200. In einer neueren Geschichte heißt es, das die wichtigsten Vorstandsmitglieder des Telefonkonzerns AT&T Mitglieder des CFR sind. Als AT&T einige Konkurrenten aufkaufte und aus ihnen eine neue Firma, die *LUCENT Technologies* gemacht hatte, folgten die »Ermittlungen« auf dem Fuß. Es wurde eine offizielle Anfrage an den AT&T Vorstand gestellt, wie der der Name LUCENT zustandekommt und was er zu bedeuten hat. Die Public Relations Arbeit des Vorstands war miserabel, er antwortete nicht einmal. Daraufhin wurde nicht nur in fanatischen Kreisen, sondern auch in manchen konservativ-religiösen erklärt, der Name sei durchaus mit Bedacht gewählt und bedeute nichts anderes als »**Luc**ifer's **Ent**erprise« (Unternehmen des Teufels). Ein Journalist nahm sich dieser Sache an und fand heraus, das die Hausnummer des eigentlichen, auf offiziellen Papier nicht genannten Headquarters von Lucent Technologies 666 war. Kurz darauf wurde bekannt, daß das firmeneigene Telefonnetz der Lucent unter der Bezeichnung »INFERNO« verwaltet wird. Von da an wurde die Firma eine Zeitlang gemieden like hell! Bewerbungen um Arbeitsstellen und die Aktiennachfrage ließen stark nach.
Und wissen Sie was - seitdem ich diesen Text geschrieben habe, knistert bei mir das Telefon ganz komisch. Und gestern haben meine Bremsen am Auto versagt. Nur wie durch ein Wunder ist nichts passiert. Es scheint mit dem Teufel zuzugehen...
Falls Sie zu den Verschwörungstheorien (soweit ich es überblicken kann, gibt es nur eine große in mehreren Varianten) mehr wissen möchten: Es gibt ein meiner Meinung nach gut recherchiertes Buch von einem Amerikaner, auch in deutsch: »Die neue Weltordnung« von Gary Allen.

3.8 Die Sprache

Das in Amerika englisch, well - amerikanisch gesprochen wird, dürfte klar sein. Aber was für eines! Durch den hohen »Ausländeranteil« aus der ganzen Welt gibt es das »Normal« Amerikanisch gar nicht so häufig. Es existieren vielmehr jede Menge verschiedene Aussprachen. Deshalb fallen Sie mit Ihrem Schulenglisch auch überhaupt nicht auf. Außer, das die Menschen daran gewöhnt sind und deshalb Ihre Herkunft wahrscheinlich nach dem ersten Satz erkennen werden. Nur wenige sprechen hier gutes Englisch!

TIP
Falls Ihnen ein paar Begriffe so gar nichts sagen oder Fachbegriffe in Ihrem Wörterbuch nicht zu finden sind, so brauchen Sie ab sofort kein neues mehr zu kaufen. Denn - auch hier hilft das Internet. Dort finden Sie Wörterbücher für fast jede Sprache dieser Welt. Sie übersetzen direkt am Bildschirm in jede Richtung. Und für jede Richtung. Die fachlichen. Kostenlos:

Sofort-Kontakt
http://www.facstaff.bucknell.edu/rbeard/diction4.html

Vokabeln/Redewendungen, amerikanisch (nicht englisch) /deutsch

You are welcome
Kein Problem, war mir ein Vergnügen

My pleasure
wie oben, noch höflicher

How are you?
Das ist eine Standard Begrüßung wie etwa »Guten Tag«. Sie bedeutet NICHT, das man sich nach Ihrem Befinden erkundigt! Außer vielleicht beim Doktor. Die entsprechende Antwort lautet einfach »Good, thanks« oder »Fine, how about you?«

See you later
Ein »Tschüs, mach's gut« das nicht bedeutet, das man sich später auf jeden Fall wieder trifft.

Hi!
lockeres »Hallo«

Gas
Benzin (Abkürzung für Gasoline)

Buck
Dollar

Some change
Kleingeld, Münzen

Soda
jede Art von Getränk, das nicht Wasser, Saft, Alkohol oder Milch ist.

That sucks
Das nervt!

restroom, mens room, ladies room, bathroom
Ausdrücke für Toilette. Der Begriff Toilette wird oft nicht verstanden.

a.m. hinter der Uhrzeit
von 12.00 Mitternacht bis 12.00 Mittags

p.m. hinter der Uhrzeit
Der Rest.

May I ask you for some directions?
Darf ich Sie bitte um den Weg fragen?

You (oder This) son of a bitch!
wörtlich » Du (oder Dieser) Sohn einer Hure«. Entweder als Beschimpfung oder auch als Anerkennung im Sinne von »Der Junge hat's tatsächlich geschafft!«. Der Tonfall entscheidets.

4.0 How to make it Legal - Visafragen

Grundsatz der US-Einwanderungsbehörde:

»Die Vereinigten Staaten von Amerika sind eine offene Gesellschaft. Im Gegensatz zu vielen anderen Ländern gibt es in den USA keine internen Kontrollen der Besucher, wie etwa eine Anmeldung bei der örtlichen Polizei. Um weiterhin das Privileg des ungehinderten Reisens genießen zu können, haben Ausländer - bevor ein Visa für die Vereinigten Staaten ausgegeben wird - die Pflicht zu belegen, das sie nach Abschluß ihrer Reisen wieder in den Heimatstaat zurückkehren. Unser Einwanderungsgesetz verlangt von den Konsularbeamten, jeden Visa-Antragsteller als potentiellen Einwanderer zu betrachten, solange er nicht das Gegenteil bewiesen hat.«

Genau so sieht das Verhalten der Behörden in der Realität aus und kann, abhängig von Ihrem Glück, welche Mentalität von US-Beamten Sie gerade erwischen, frustierend sein. Nun kommt es darauf an, wie Ihre Ziele in Kalifornien ausschauen. Die bestimmen nämlich, welche Art von Visa für Sie in Frage kommt. Haben Sie erstmal irgendeines erhalten, ist die Einreichung und Bearbeitung eines Antrages auf Änderung, Ergänzung oder Verlängerung grundsätzlich im Heimatland oder auch in den USA möglich. Im ersten Fall sind immer die Konsulate Ihres Heimatlandes zuständig, im zweiten Fall das INS (Immigration and Naturalization Service, amerikanisches Einwanderungsministerium).
Wie dem auch sei - gerade in den USA wird lange nicht alles so heiß gegessen wie es gekocht wird. Ein »Aber ich habe doch

keine Green Card!« bedeutet nicht das Ende der Welt. Niemand benötigt unbedingt ein Permanent Residence Visa, also die sogenannte Green Card, um Kalifornien als zeitweiligen, aber regelmäßigen Wohnsitz zu genießen. So können Sie etwa relativ einfach ein passendes Visa bekommen, falls Sie lediglich im Winterhalbjahr dem europäischen M...wetter entfliehen möchten.

Im Großen und Ganzen gibt es drei unterschiedliche Möglichkeiten zur legalen Einreise in die USA. Welche davon für Sie die richtige ist, wird im wesentlichen von der gewünschten Aufenthaltsdauer sowie Ihren eventuellen Vorhaben, in irgendeiner Weise beruflich tätig zu werden, abhängen. Unter die 1. Gruppe fallen alle visafreien Einreisen (nonimmigrant). Die 2. Gruppe decken die temporären, auch regelmäßigen Einreisen aufgrund eines Visas (nonimmigrant) ab. Und die 3. Gruppe schließlich behandelt sozusagen die Verlagerung des Lebenszentrums, die permanente Einreise (immigrant).

Die Definitionen sind einfach. Ein Immigrant Visa wird einer Person erteilt, die sich permanent in den USA niederlassen möchte und die Qualifikationsansprüche des INS erfüllt hat. Ein Nonimmigrant Visa wird einer Person erteilt, die sich temporär in den Vereinigten Staaten aufhalten möchte UND einen Wohnsitz außerhalb der USA besitzt.

So bekommen Sie First Hand Informationen

Zur vollständigen und stets aktuellen Information ihrer »Kunden« bietet das Department of State's Bureau of Consular Affairs eine monatlich neu erscheinende Broschüre, das *Visa Bulletin* an. Auch alle anderen Formulare und Bestimmungen erhalten Sie unter dieser Internetanschrift:

Sofort-Kontakt

http://travel.state.gov/

Für Menschen mit Computer, aber ohne WWW-Zugriff kann das Visa Bulletin auch über Modem abgerufen werden. Telefon USA-301-946-4400, LOGIN: travel PASSWORD: info. Faxabruf ist auch möglich. Telefonnummer USA-202-647-3000, Code 1038 und schon kommt die Broschüre zu Ihrem Faxgerät. Sie können sich auch auf die Mailing Liste setzen lassen, und

erhalten dann das Bulletin regelmäßig per Post. Das funktioniert allerdings nur mit US-Adressen. Um sich auf die Liste setzen zu lassen, schreiben Sie bitte formlos (aber in Englisch) an: Visa Bulletin, Visa Office. Department of State, Washington, D.C. 20522-0106. Bei diesem Angebot ist es natürlich kein Wunder, das Sie die Herausgeber auch per email kontaktieren können: VISABULLET@SA1WPOA.US-STATE.GOV. Allerdings erfolgt hier kein Versand von Texten.
Oft kümmern sich die Menschen im Heimatland um die erforderlichen Dokumente. Sollten Sie sich aber während Ihres Aufenthaltes in den Staaten zu irgendwelchen Ergänzungen oder Änderungen (wie zum Beipiel Aufenthaltsverlängerungen) entschließen, so ist der Immigration and Naturalization Service, meistens mit seinen örtlichen Niederlassungen, für Sie zuständig.
Nur kurz im Vorgriff auf die folgenden Erläuterungen: Änderungen an Ihrem Status, also z.B. die Green Card während Ihres Aufenthaltes in den USA zu beantragen (und im gleichen Moment nicht mehr raus zu müssen) oder einfach nur eine Aufenthaltsverlängerung beantragen oder jede andere Veränderung Ihres Status ist nur möglich, wenn Sie bereits irgendein US-Visa in Ihrem Paß haben! Keine noch so geringe Änderung ist möglich mit der 3-Monats-Touristeneinreise.
Falls Sie sich in den USA aufhalten und Formblätter für Verlängerung, Statusänderung etc. benötigen, macht man es Ihnen sowohl per Telefon als auch per Internet einfach. Meistens benötigen Sie einfach eine Formularnummer, die mit »I« für »INS-Formular« beginnt, zum Beispiel einfach I-458. Diese Nummern finden Sie zum Beispiel unter den gleichen, folgenden Kontaktmöglichkeiten. Los kann´s also gehen, etwa per Telefon (innerhalb der USA kostenlos) unter: 1-800-870-FORM (= 1-800-870-3676).
Wenn es bei Ihrem Anliegen nicht speziell um eine Formularbestellung geht, so rufen Sie einfach den INS an. Auch dafür gibt es eine kostenlose Telefonnummer innerhalb der USA: 1-800-755-0777. Oder Washington 202-307-1501 und 202-514-4330. Oder Sie nehmen per Internet Sofortkontakt auf:

Sofort-Kontakt

http://www.ins.usdoj.gov

Und schließlich bleibt noch die gute lahme alte Briefpost. Die Anschriften finden Sie ebenfalls auf den Internetseiten.

4.1 Ohne jedes Visa in die USA...

Staatsbürgern bestimmter Staaten dieser Erde traut die USA automatisch zu, das sie nach Abschluß ihrer Reise auch wirklich wieder nach Hause wollen. Angehörige dieser Staaten benötigen deshalb kein Visa, wenn sie aus reinen Urlaubs- oder geschäftlichen Gründen kommen und nicht länger als 90 Tage in den USA bleiben möchten. Außer einem gültigen Reisepaß und einem gültigen Rückflugticket wird gar nichts benötigt. Dazu gehören zur Zeit die folgenden Länder (offensichtlich nicht gerade die ärmsten dieser Erde):

Andorra, Argentinien, Australien, Belgien, Brunei, Dänemark, Deutschland, Finnland, Frankreich, Großbritannien, Holland, Irland, Island, Italien, Japan, Liechtenstein, Luxembourg, Monaco, Neuseeland, Norwegen, Österreich, San Marino, Schweden, Schweiz, Slovenien, Spanien

Im Flugzeug werden Sie einfach gebeten eine Einreisekarte (die sogenannte *Visa Waiver Form*) auszufüllen. Wenn Sie also zum Beispiel planen, regelmäßig Januar bis März in Amerika zu verbringen, sind überhaupt keine bürokratischen Klimmzüge notwendig. Allerdings dürfen Sie unter dieser Einreiseart weder studieren noch irgendwelchen beruflichen Tätigkeiten nachgehen, und seien Sie noch so geringfügig. In diesem Zusammenhang kann man noch schnell erzählen, das interessierte Reisende trotzdem immer wieder Hilfsjobs finden, um die Reisekasse aufzubessern. Das Entdeckungsrisiko ist nahezu null. Und der INS hat kürzlich offiziell verkündet, das illegale Einwanderer generell nicht mehr aktiv verfolgt werden! (Die Begründung lautete lapidar „Unsere Untersuchungen haben ergeben, das die weitaus meisten der illegalen Einwanderer ihre Steuern bezahlen...")
Wie schon angedeutet, gibt es einen entscheidenden Nachteil dieser visafreien Einreise. Mit dem kleinen Formular unterzeichnen Sie automatisch eine Visa Waiver Form. Das bedeutet, daß Sie auf das Recht, innerhalb der USA Ihr Visa zu verlängern, es umzuwandeln oder ein neues zu beantragen

völlig verzichten. Auch das Recht, einen Antrag auf die Green Card während Ihres Aufenthaltes zu stellen, erlischt damit. Da kennen die Amis keine Gnade. Wer auf diese Art einreist, muß nach spätestens 3 Monaten wieder ausreisen oder er hält sich illegal auf. Keine Ausnahme möglich! Illegaler Aufenthalt ist generell nicht zu empfehlen, selbst im sehr oft glimpflich abgehenden Fall ist es mit der ordentlichen Visaausgabe für Sie für die nächsten Jahre dann erst einmal vorbei. Mit einem B1/B2 Visa wäre das nicht passiert...

4.2 Das B-Visa machts Leben leichter

Die nächste Stufe der legalen Einreise in die USA besteht aus dem 6-Monats-Visa, genannt *B1/B2-Visa*. Neben dem rein touristischen Aufenthalt berechtigt es auch in gewissem Rahmen zur selbstständigen Tätigkeit bzw. Firmengründung, wenn auch nicht zur Aufnahme einer angestellten Tätigkeit. Es gehört in die Kategorie der »Nonimmigrant Visa for zeitlich begrenzten Aufenthalt auf dem Staatsgebiet der USA« und trägt die Bezeichnung B-1 für Geschäftsreisende oder B-2 für Urlaubsreisende. Bei erfolgreicher Beantragung von einem werden in den allermeisten Fällen beide Arten gleichzeitig ausgegeben.
Menschen, die aus allen anderen verbleibenden Gründen nach Amerika einreisen wollen, müssen sich um ein spezielles Visa aus der passenden Kategorie bewerben. Dazu zählen etwa Journalisten und Studenten. Falls Sie etwa in den USA studieren möchten, benötigen Sie ein sogenanntes Students Visa. Für das sind die Anforderungen ziemlich genau die gleichen wie die weiter unten beschriebenen für die B1/B2 Kategorie. Zusätzlich wird aber noch das Formblatt I-20 gefordert, auf dem die entsprechende Universität Ihre Angaben bestätigen muß.
Ein Hauptkriterium jedoch müssen alle Beantrager aller Nonimmigrant-Visaformen erfüllen: Ihr permanenter, fester Hauptwohnsitz muß sich nachweislich in einen Land, das nicht gerade zufällig USA heißt, befinden. Das gilt für Besucher, Geschäftsreisende, Studenten und alle anderen gleichermaßen.
Ein weiterer Vorteil dieses Visas liegt übrigens darin, daß bei der Einreise kein Rückflugticket vorgelegt werden muß. So sind Sie flexibel in Ihrer Abreise, vermeiden eventuelle Umbuchungsgebühren und können die manchmal günstigeren amerikanischen Tickets zumindest für den Heimflug nutzen.

Jedenfalls gilt sowohl B1 als auch B2 meistens 10 Jahre und berechtigt Sie in dieser Zeit zu einer unbegrenzten Anzahl von Aufenthalten von bis zu 6 Monaten. Obwohl so von den Behörden nicht beabsichtigt, ist es möglich nach 6 Monaten für nur einen oder zwei Tage auszureisen - sagen wir nach Kanada zu fliegen - und bei der Rückkehr weitere 6 Monate zu erhalten. Es besteht darauf kein Rechtsanspruch, weil eine interne Dienstanweisung den Einwanderungsbeamten sagt, nach einem USA-Aufenthalt soll der Visa-Inhaber möglichst mindestens den gleichen Zeitraum außerhalb der USA verbringen, aber in der Praxis steht das nur auf dem Papier. Falls nicht aus irgendwelchen Gründen von der USA zurückgezogen, ist Ihr einmal erhaltenes Visa bis zum aufgedruckten Datum gültig (B1/B2 meistens 10 Jahre). Es verlöscht auch dann nicht, wenn Ihr Paß ungültig geworden ist.

TIP
Eine andere Möglichkeit besteht in der offiziellen Beantragung einer *Extension* (Verlängerung) um nochmal 6 Monate. Das kostet ca. $130, ist damit also billiger als ein Flug nach Kanada, von den Unterbringungskosten etc. gar nicht zu reden, und sollte vernünftig begründet werden. Dann macht der INS keine Probleme. Anschriften und Telefonnummern finden Sie weiter oben. Nachteil ist: Sie sind beim INS als Verlängerer registriert. Ein-, zwei- oder dreimal geht das bestimmt gut. Doch falls Sie diese Strategie regelmässig verfolgen wollen: Der Erfolg darf angezweifelt werden.

Sonstiges

Hatten Sie bereits früher einmal ein Visa erhalten, sollten Sie das dem Konsularbeamten gegenüber bei der Neubeantragung erwähnen. Verschiedene (leider nicht alle) Niederlassungen machen es dann einfacher, ein neues Visa zu erhalten. In aller Regel können Sie Ihr Visa selbst beantragen. Die Beauftragung eines Rechtsanwaltes etc. sollte nicht notwendig sein. Wer versucht, ein Visa aufgrund vorsätzlich falscher Angaben zu erhalten, dem kann der Eintritt in die USA für immer verweigert werden.
Falls eine Gebühr erhoben wird, so wird diese genauso hoch angesetzt wie die Gebühr, die das Heimatland für die Ausgabe eines Visas US-Bürgern berechnet.

US-Port of entry

Nachdem das Visa in Ihrem Paß klebt, ist alles gegessen. Denken Sie! Allen Visainhabern soll bewußt sein, das der bloße Besitz eines Visas keinesfalls den Eintritt in die USA garantiert. Der US-Immigration and Naturalization Service (INS) ist autorisiert, den Eintritt direkt am Flughafen/Hafen/ Landesgrenze zu verweigern.

Auch die Dauer Ihres Aufenthaltes in den Vereinigten Staaten wird vom INS bestimmt, nicht etwa vom Konsularbeamten oder vom Visaaufdruck. Falls Sie zum Beispiel mit gefährlichen und unangemeldeten Gütern an der Grenze erwischt werden, nutzt Ihnen Ihr B1/B2 Visa gar nichts.

Erst hier bei der tatsächlichen Einreise entscheidet der INS Officer übers »Wolle mern reilasse?« und die Aufenthaltsdauer. Doch nun keine Panik, in der Regel läuft alles seinen normalen Gang und beide Seiten sind zufrieden. Probleme gibt es nur bei ganz offensichtlichen Fällen, die Sie vorher selbst erkennen sollten. Im Normalfall erhalten Ohne-Visa Einreisende 3 Monate, B1/B2 Inhaber dagegen 6 Monate. Davon können die Ersteren nicht verlängern, sie müssen auf jeden Fall nach Ablauf der Frist ausreisen. Die B1/B2-Visainhaber besitzen das Recht, eine Verlängerung (Application to Extend Status, Formblatt I-539, ca. $120 plus Porto etc.), zu beantragen. Auch die Entscheidung über den Verlängerungsantrag obliegt ausschließlich dem INS.

Beantragung eines B1/B2-Visums

Für die Vergabe der Visa gelten feste Regeln, die durch das entsprechende US-Gesetz (Immigration and Nationality Act) bestimmt sind. Sie sollten wissen, das die Visavergabe von den USA in zunehmendem Maße richtig ernst genommen wird und die Visa nicht verschenkt werden. Antragsteller sollten sich an diejenige US Botschaft oder das US Konsulat wenden, das für ihren Wohnsitz zuständig ist. Theoretisch ist es zwar möglich, sich von jedem US Konsulat aus um ein Visa zu kümmern. Auch von außerhalb des Heimatlandes. Doch es ist leicht vorstellbar, das das zu Schwierigkeiten, und sei es nur terminlicher Art, führen kann. Sie benötigen:

- Die Gebühr für jedes Visa (jeden Paß) beträgt z.Z. $45. Diese Gebühr wird nicht zurückerstattet, auch nicht bei Versagen des Visas.
- Ausfüllen und unterzeichnen des Formblattes OF-156.

Die Vordrucke erhalten Sie kostenfrei in der US-Niederlassung.

- Einen gültigen Reisepaß. Dieser muß mindestens 6 Monate über ihr Rückkehrdatum hinaus gültig sein.
- Zwei Paßfotos pro Antragsteller. Abbildung von vorn, ohne jede Gesichts- oder Kopfbedeckung.

Bis hierher war's einfach. Diese Unterlagen sind ein Muß und jedem bekannt. Jetzt wird es etwas komplizierter. Wie zu Beginn dieses Kapitels zitiert, liegt dem Gesetz die theoretische Annahme zugrunde, das jeder Besucher potentieller Einwanderer ist. Deshalb sehen die Bestimmungen vor, das Sie -der Antragsteller- glaubhaft nachweisen muß, das er genau das NICHT ist. Dazu werden die folgenden Anhaltpunkte überprüft:

- Ist der Reisegrund rein touristisch, geschäftlich oder medizinisch begründet?
- Ist die Reise auf einen bestimmten Zeitraum festgelegt und zeitlich befristet?
- Besitzt der Reisende einen festen Hauptwohnsitz außerhalb der USA und verfügt er über weitere Bindungen im Ausland (etwa Familienmitglieder, ungekündigte Arbeitsstelle etc.)?
- Zusätzlich für Bürger der Staaten aus den berechtigten Visa Waiver Ländern: Weshalb sind 90 Tage Reisedauer nicht ausreichend?

Das US Einwanderungsgesetz plaziert die Beweisforderung hier auf den Antragsteller. Dabei haben die Konsularangestellten einen schwierigen Job. Eine gerechte Entscheidung bei der Vielzahl der Antragsteller in kurzer Zeit zu treffen, ist nicht einfach.
Die meisten Fälle werden nach kurzer Unterhaltung und einer Durchsicht der mitgebrachten Unterlagen entschieden. Die obigen Fragen können - nicht müssen - vom Konsularbeamten an Sie gestellt werden. Ihre Antworten dienen dazu, ihn davon zu überzeugen, das Sie kein Einwanderer sind. Fragen wird er/ sie immer dann, wenn es ihm/ihr aus irgendwelchen Gründen auch nur leicht zweifelhaft erscheint, das Sie auch wirklich ein guter Besucher sind, der, nachdem er genug Geld ausgegeben hat, auch wieder nach Hause geht.
Stellen Ihre Antworten nicht zufrieden (das ist gar nicht so

selten der Fall, weil sich der Beamte durch Belege absichern möchte), benötigen Sie schriftliche Unterlagen, die Ihren Status und/oder Ausagen stützen.
Dieser Punkt ist deshalb etwas »wischi-waschi« formuliert, weil die US-Behörden sich selbst nicht festlegen wollen und sich den Weg frei halten, beliebige Beweise anzufordern. Als Beleg werden gern Empfehlungsschreiben von Arbeitgebern, Kundenkontakten, Verwandten oder Freunden, Arbeitsverträge etc. akzeptiert. Auch die Finanzierungsfrage wird oft gestellt. Wie kommen Sie für Ihren Lebensunterhalt auf? Haben Sie genug eigenes Geld für den beabsichtigten Aufenthalt? etc. Dazu werden manchmal auch Kontoauzüge angefordert. Alle Personen, die selbst nicht über genug finanzielle Mittel verfügen um den Aufenthalt zu finanzieren, müssen überzeugende Beweise vorbringen, das sie nicht dem Sozialsystem der USA zur Last fallen. Etwa durch Bestätigungsschreiben einer in den USA lebenden Person, der Eltern oder ähnliches. Das die Aussage »Ich werde jobben« Sie für den Visaerhalt innerhalb einer Nanosekunde disqualifiziert, versteht sich bei einem Besuchervisa von selbst.
Natürlich sind die persönlichen Umstände der Menschen sehr unterschiedlich, und die Konsulate sind sich dessen bewußt. Theoretisch sollen deshalb die Beamten jeden Fall individuell beurteilen, also auf die Ausbildung, soziales Umfeld, Kulturzugehörigkeit und anderen Faktoren achten. Die weltweit große Zahl an Visaanträgen läßt dies aber eher als Wunschdenken erscheinen und macht es wahrscheinlich, daß ihr Fall über einen großen Kamm geschert wir. Wenn alles klappt, haben Sie ein niegelnagelneues Visa entweder am gleichen Tag oder am nächsten in Ihrem Pass kleben.

Visa abgelehnt ?

Das amerikanische Einwanderungsgesetz legt die Autorität zur Visaausgabe und Visaverweigerung einzig und allein in die Hände der ausländischen Konsulate. Diese haben das letzte Wort. Durch interne Verfügung besitzt zwar das US-Department of State (Innenministerium) die Authorität, um Konsulatsentscheidungen zu widerrufen. Diese Authorität ist aber beschränkt auf die Interpretation der entsprechenden Gesetzestexte. Sie gestattet nicht die Neueinschätzung von unveränderten Fakten.
Da es nun bei Visa-Ablehnungen nahezu ausnahmslos um die

Bewertung von Fakten geht, verbleibt das finale Entscheidungsrecht so gut wie immer bei den ausländischen Konsulaten. Ein Einspruch oder eine Beschwerde beim Innenministerium ist nahezu ausnahmslos völlig zwecklos. Laut Auskunft der US-Behörden liegt die mit Abstand häufigste Ursache für die Verweigerung des Visums im: »...nach Konsularbeamten Meinung nicht ausreichender Nachweis eines Wohnsitzes, von dem sicher gesagt werden kann, das eine Auflösung sehr unwahrscheinlich ist.« Die Beamten sind angehalten, Ihnen den Grund ihrer Entscheidung mitzuteilen. Ihr Visaantrag kann also durchaus abgelehnt werden. Dies geschieht in der Regel durch ältere, erfahrene Konsulatsbeamte, die die Entscheidung des ersten -der mit dem Sie zu tun hatten- nocheinmal überprüfen. Daher ist es wenig wahrscheinlich, das die Begründung an den Haaren herbeigezogen ist. In diesem Fall gibt es auch keine Einspruchsmöglichkeit.

Falls Ihr Visawunsch abgelehnt wird, handelt es sich dann um ein entgültiges Nein für immer? Nein, das bedeutet es nicht. Sie können ein Visa einfach noch einmal beantragen. In allen Fällen, in denen Sie neue Belege vorweisen können, die bisher noch nicht berücksicht wurden oder falls sich Ihre Situation grundlegend geändert hat, wird der Beamte Ihren Fall neu bewerten. Auch wenn Sie Ihre Situation nicht richtig darstellen konnten oder der Beamte irgendein Faktum übersehen hat, ist ein neuer Versuch angebracht. Denken Sie bitte daran, das bei jeder Visabewerbung aufs neue die Bearbeitungsgebühr fällig wird. Erstattung bei Visaversagen gibt es nicht. Manche Konsulate mit hohem Andrang haben ein Frist von 6 oder 12 Monaten bis zur Möglichkeit der Neubeantragung vorgesehen.

4.3 Die GreenCard

Die Königin unter den Visas ist die sogenannte *Green Card, das Permanent Residence Visa* für die USA. Damit besitzen Sie das uneingeschränkte Aufenthaltsrecht, natürlich US-weit und nicht nur kalifornienweit, und Sie dürfen auch ganz legal einer angestellten oder selbständigen Arbeit nachgehen. Doch eine Green Card kann, je nach Standpunkt und persönlichen Zielen, auch Nachteile mit sich bringen. Zwei wichtige Punkte, die zu beachten sind:

- Als GreenCard Inhaber dürfen Sie sich nicht länger als ein Jahr außerhalb der USA-Grenzen aufhalten, sonst verfällt sie.

- Spätestens mit dem Annehmen der Permanent Residence in den USA werden Sie auch US-steuerpflichtig. Und die USA haben ein umfassendes Steuergesetz. Jeder US-Steuerpflichtige muß sein gesamtes Einkommen in den USA angeben und versteuern - egal wo auf der Welt es erzielt wird. Da im Gegenzug aber die Steuersätze teils weit niedriger als in Europa sind, bleibt es eine Fall-zu-Fall Entscheidung.

Diese GreenCard ist weltweit extrem begehrt - nicht nur, weil die US-Steuern insgesamt niedriger sind. Sie ist so sehr begehrt, das sich viele gutgemachte Fälschungen im Umlauf befinden. Es gibt zahlreiche Möglichkeiten, sie legal zu erhalten. Einige davon sind:

Per Arbeitsstelle. Die Regeln des INS sehen vor, das ein Mensch mit einem qualifizierten Arbeitsplatzangebot (nicht Verkäufer, Hilfsschreibkraft oder ähnliches) einer amerikanischen Firma die Green Card erhalten kann.
Per Heirat. Heiratet ein ausländischer Staatsbürger einen amerikanischen Staatsbürger, so wird die Green Card erteilt, vorausgesetzt es handelt sich nicht um ein Scheinheirat. Dies wird innerhalb der ersten 2 Jahre manchmal auch tatsächlich überprüft, indem zum Beispiel Beamte des INS unangemeldet zu Besuch kommen und beide Partner getrennt fragen, was es heute zum Frühstück gab.
Per Lotterie. Die USA veranstalten jährlich die sogenannte IMMIGRATION VISA LOTTERY. Die Teilnahme ist für jedermann kostenlos, jedes Jahr wurden weltweit 55.000 Green Cards ausgegeben. Ab 1999 steigt die Zahl der Hauptgewinne jedes Jahr. 2002 soll sie über 100.000 betragen.Die Termine erhalten Sie zum Beispiel beim US-amerikanischen Generalkonsulat in Frankfurt/Main.
Per Finanznachweis. Wenn Sie mindestens US$ 1.000.000 besitzen, diese auf ein US-Konto legen oder sonstwie in den USA investieren, erhalten Sie die Green Card. Ein Dokument, durch das auf den theoretischen Anspruch auf Sozialhilfe und andere staatliche Unterstützungsleistungen auf Lebenszeit verzichtet wird, muß unterzeichnet werden.

Per Firmengründung. Wenn Sie in den USA mit ernsthaften Absichten eine Firma gründen und dabei mindestens ca. US$ 100.000,- investieren (diese Summe ist fließend, für bestimmte Branchen ist es möglich mit der Hälfte oder noch weniger zu beginnen) erhalten Sie zunächst eine befristete Aufenthaltsgenehmigung (meistens 2 Jahre). Wenn sich nach der Frist zeigt, das die Firma Entwicklungspotential besitzt, wird Ihnen die Green Card erteilt.

Per Schwangerschaft. Nach der US-Gesetzgebung ist jedes Baby, das auf amerikanischen Boden geboren wird, automatisch auch amerikanischer Staatsbürger (falls die Eltern nicht widersprechen). Sollten Sie also schwanger einreisen und Ihr Kind wird auf amerikanischen Boden geboren, so ist es automatisch US-Bürger und kann damit selbstverständlich nicht ausgewiesen werden. Da es sich um ein minderjähriges und unterhaltsberechtigtes Kind handelt, können auch die Eltern als Sorgepflichtige nicht ausgewiesen werden. Selbstverständlich wissen die Immigrationofficer an den Grenzen um diesen Umstand und achten auf schwangere Frauen. Etwas früher als im 9. Monat einreisen und/oder lockere/legere Kleidung zu tragen wäre also keine schlechte Idee.

Per besonderer Befähigung. Menschen, die über herausragende Ausbildungen oder Befähigungen verfügen oder die besondere Leistungen vollbracht haben, kann auf Antrag die Green Card erteilt werden. Dieses Verfahren wurde und wird zum Beispiel bei Wissenschaftlern und bei manchen der heutigen Hochleistungssportler angewandt. Angeblich (das ist nicht offiziell bestätigt, aber ich sprach mit einen netten Immigration Officer, der es - sagen wir, nicht verneinte) kann die nachgewiesene Mitgliedschaft bei MENSA, das ist eine weltweite Organisation, deren einzige Mitgliedsvorausetzung darin besteht, einen IQ von mindestens 130 zu besitzen, ausreichen, um vom amerikanischen Einwanderungsministerium als GreenCard-würdig eingestuft zu werden.

Sofort-Kontakt

http://www.mensa.org

Per Familiennachzug. Falls bereits Familienangehörige von Ihnen rechtmäßig in den Staaten leben, kann es sehr einfach sein.

Wer ist ausgeschlossen?
Um die Gesundheit des amerikanischen Volkes, des amerikanischen Haushaltes und der amerikanischen Moral zu erhalten (frei übersetztes INS-Zitat), sieht das US-Einwanderungsgesetz bestimmte Beschränkungen hinsichtlich der Einwanderer vor. Es werden keine Visa, auch nicht bei sonst idealen Bedingungen, ausgegeben an:

- Menschen mit gefährlichen ansteckenden Krankheiten wie z.B. Tuberkulose
- Menschen mit gefährlichen psychischen Anormalitäten
- Menschen, die an Drogensucht leiden
- Menschen, die bereits einmal kriminell wurden
- Menschen, die in irgendeiner Form aufgrund Drogenverbrechen verurteilt wurden oder auch nur dahingehend bekannt sind
- Menschen, die in irgendeiner Weise in Prostitution verwickelt sind
- Menschen, die auf irgendeine illegale Weise schon einmal in die USA eingereist sind
- Terroristen
- Mitglieder von totalitären politischen Parteien
- Nazi Kriegsverbrecher

Für manche dieser Gruppen gibt es per Gesetz einige Ausnahmen. In jedem Fall entscheidet das zuständige Konsulat.

Die Behördenpraxis
Alle Immigrationsanträge werden in zwei Gruppen eingeteilt. Diejenigen, für die keine zahlenmässigen Beschränkungen bestehen und diejenigen, die nach der Anzahl beschränkt sind. Zu den unbeschränkten gehören nur die der direkten Familienangehörigen, also Partner und/oder nicht volljährige Kinder eines legal in den USA lebenden Bürgers. Alle anderen sind zahlenmäßig beschränkt und zwar auf 675.000 Personen pro Kalenderjahr. Dieses Limit wird wie folgt verteilt (Anzahl in Klammern):

A) Familienkategorie
A.1 Nicht verheiratetete, volljährige Kinder und deren Kinder von US Bürgern (23400).
A.2. Partner und nichtverheiratete, volljährige Kinder von Green Card Inhabern (114200).

A.3 Verheiratete Kinder von US Bürgern, sowie deren Partner und Kinder (23400).

A.4 Geschwister von US Bürgern sowie deren Partner und Kinder, vorausgesetzt, der US Bürger ist älter als 20 Jahre.

B) Berufliche Kategorie

Für diese Kategorie werden jährlich insgesamt 140,000 Immigrant Visas bereit gestellt. Diese Summe ist unterteilt:

B.1 Menschen mit besonderen Fähigkeiten und Ausbildungen in Wissenschaften, Künste, Business oder Sport (28,6%).

B.2 Menschen mit abgeschlossener Hochschulausbildung oder Menschen, die gleiches Wissen nachweisen können (28,6%).

B.3 Ausbildungberufe oder Facharbeiter ohne Abschluß, die entsprechende Fähigkeiten nachweisen können (28,6%).

B.4 Bestimmte Sozialberufe, Pfarrer oder Mitarbeiter von bestimmten internationalen Organisationen (7,1%).

B.5 Menschen die durch Kapitalinvestitionen in ein neues Unternehmen mindestens zehn Arbeitsplätze schaffen. Auf dem Papier steht als Minimum für das Investment eine Summe von $500.000. Die Praxis zeigt jedoch, das mit weit geringeren, dafür aber erfolgreichen Investitionen das INS zufrieden sein kann (7,1%).

C) Losverfahren - Diversity Immigrant Visa Lottery

Die USA verlost jedes Jahr 55,000 (steigend, siehe weiter oben) Immigrant Visa an Personen aus allen möglichen Ländern. Welche Länder zugelassen sind, bestimmen die USA jedes Jahr neu - Deutschland, die Schweiz und Österreich waren bisher immer dabei. Die Teilnahme ist kostenlos und erfordert nicht einmal ein besonderes Formblatt.

Wann immer mehr Bewerber als Visas für die entsprechende Kategorie vorhanden sind, wird diese Kategorie als überfüllt eingestuft und die Visas werden in der Reihenfolge des Eingangs der Anträge ausgegeben. Das führt fast regelmässig zu Wartezeiten von bis zu mehreren Jahren. Aber wie schon gesagt, Sie werden deshalb nicht aus den USA hinauskomplementiert und können ruhig und gelassen Ihr Leben im schönen Pazifikstaat geniessen.

Der Bewerbungsprozeß

Obwohl Sie sich sowohl von zuhause als auch von innerhalb der USA um die permanente Aufenthaltsgenehmigung bewerben können, gibt es einige Unterschiede zu beachten.

Ausserhalb der USA

- Falls Sie sich von außerhalb der USA erfolgreich um eine Green Card beworben haben, stehen Ihnen in den meisten Fällen vier Monate zu Verfügung, um einzureisen. Danach verfällt das Immigrant Visa. Eine Wiederinkraftsetzung ist möglich, aber mit erneuten Kosten und eventuellen neuen Fragen des Konsulates verbunden. Es ist stark zu empfehlen, sich möglichst an den einmal gesetzten Zeitrahmen zu halten.
- Von der Green Card Lotterie einmal abgesehen scheint es schwieriger zu sein, von ausserhalb der USA die Green Card zu erhalten als von innerhalb.
- Weil grundsätzlich niemals vorher absehbar ist, ob eine Bewerbung erfolgreich verläuft, rät die USA regelmässig dazu, vor dem tatsächlichen Erhalt der Unterlagen keinesfalls Reisevorbereitungen zutreffen, den Hausstand aufzulösen oder die Arbeitsstelle zu kündigen.

Innerhalb der USA

- Ab Ihrer Antragsabgabe dürfen Sie bleiben, bis über den Antrag entschieden ist. Das kann Jahre dauern. Nochmal, insgesamt scheint die Erfolgsquote von Bewerbungen von »innerhalb« größer zu sein als die von Bewerbungen von »ausserhalb«.
- Sie dürfen nicht nur, sondern Sie müßen sogar bleiben, weil bei Ausreise Ihr Antrag gelöscht würde.
- Sie werden einige persönliche Dokumente wie Geburtsurkunde etc. benötigen, die Sie dabei haben sollten. Die Liste finden sie weiter unten.

Um die unbeschränkte Aufenthaltsgenehmigung für die USA zu erhalten, müssen Sie zunächst einmal als Immigrant anerkannt sein. Damit fallen Sie unter die Jurisdiktion des INS, Telefon 1-800-755-0777 (kostenfrei innerhalb der USA) oder Washington 202-307-1501 und 202-514-4330. Die große Mehrheit aller Bewerber fällt hauptsächlich in zwei Kategorien: Entweder beantragen Sie auf Basis einer Familienzusammen-

führung die Green Card. Wie oben schon erwähnt, ist das nur möglich, falls ein Verwandter (evtl. auch entfernteren Grades) sich bereits rechtmäßig in den USA aufhält. Oder Ihr Antrag basiert auf einer Arbeitsstelle (Spezielle Informationen hierzu gibt es unter 202-514-4330).
Immer beruht das ganze Anliegen der USA darauf, so weit wie möglich sicherzustellen, daß Sie dem Staat nicht zur Last fallen. Deshalb ist vom sogenannten Sponsoring die Rede. Als Sponsor wird entweder der Verwandte oder der zukünftige Arbeitgeber bezeichnet. In beiden Fällen müssen diese entities (das soll nicht lustig sein, gell!) eine petition (Nachfrage mit Bestätigung) beim INS einreichen. Wenn diese vom INS genehmigt wird, leitet sie sie an das National Visa Center in Portsmouth, New Hampshire weiter. Das National Visa Center informiert dann den Antragsteller über die Genehmigung und erläutert die nächsten Schritte. Nur die unter die Kategorie der besonders befähigten Personen fallenden Bewerbungen benötigen keinen Sponsor.
Nochmal: Im allgemeinen müssen Sie NICHT die USA verlassen, solange nicht über Ihren Antrag entschieden ist. Und das kann dauern! Folgende Dokumente und Unterlagen werden im Laufe des Verfahrens benötigt:

Gültiger Reisepaß
muß noch mindestens 2 Jahre gültig sein.

Drei Paßfotos
in Farbe, übliche Kopfhaltung, keine Kopfbedeckung.

Geburtsurkunde
beglaubigt und übersetzt.

Polizeiliches Führungszeugnis
bekommen Sie bei Ihrem zuständigen Einwohnermeldeamt.

Heiratsurkunde
so vorhanden muß auch sie beglaubigt und übersetzt werden.

Finanzielle Nachweise
werden konkret vom INS angefordert.

Medizinischer Untersuchungsbericht
nur Mediziner, die durch das Konsulat oder, innerhalb der

USA, durch das INS genehmigt sind, dürfen die Untersuchung durchführen. Die Kosten tragen Sie.

Die genauen Angaben und Formblätter erhalten Sie vom National Visa Center oder dem zuständigen INS. Es ist ausserdem geplant, die Antragsformuare direkt vom Internet asdrucken zu können. Die wichtigsten Formulare sind:

Antrag auf Familienzusammenführung, Verlobte	Form I-129F
Antrag auf Familienzusammenführung 1. Grades	Form I-130
Antrag basierend auf Stellenangebot	Form I-140
Investoren-Antrag	Form-I-526
Returning Resident Antrag	Form I-360
Antrag auf Green Card	Form I-485
Antrag auf verlängertem Aufenthalt	Form I-539

Was kostet nun der ganze Spaß? Ist eigentlich gar nicht teuer. Die Grundgebühr für Bearbeitung etc. beträgt $260 zuzüglich $65 für die Ausfertigung im Erfolgsfall. Die Preise gelten jeweils pro Person. Und klar, es fallen noch Nebenkosten für Übersetzungen, Beglaubigungen, medizinische Untersuchungen etc. an. Diese müssen addiert werden. Summa summarum werden Sie auf etwa $600 kommen. Gar nicht so selten geht es allerdings nicht ohne einen Immigration Rechtsanwalt, dessen Gebühren die Gesamtkosten dann kräftig in die Höhe treiben.

4.4 Führerschein, ID-Card und Social Security Number

Alle der folgenden US-Dokumente kann jedermann und jedefrau erhalten, der/die sich gerade in der USA aufhält. Es ist dazu weder ein amerikanischer Pass noch eine GreenCard notwendig. Allerdings wird gerade diskutiert, für den Führerschein und die ID-Card als Mindestanforderung an den Antragsteller (irgend-) ein Visa zu verlangen. Es könnte also sein, das die Beantragung dieser Dokumente für Visa-Waiver-Form-Einreisende (siehe Visa-Kapitel) in Zukunft nicht mehr möglich ist.

Der kalifonische Führerschein

Ja ja, der liebe Führerschein. Wenn Sie Auto oder Motorrad in

Kalifornien fahren möchten -und ohne wir es kaum gehen- benötigen Sie auch hier einen Führerschein. Als Besucher, auch als regelmäßiger, tut es Ihre europäische Lizenz, entweder die nationale oder die internationale. Die California Gesetzgebung sagt, das Ihr nationaler Führerschein in Kalifornien solange gilt bis er abgelaufenist. Da der deutsche unbegrenzt gilt, gibt es damit also überhaupt keine Sorgen. Werden Sie Resident von Kalifornien, müssen Sie laut Gesetz den kalifornischen Füherschein innerhalb von 10 Tagen erwerben. Doch kontrolliert wird das quasi nie.
Trotzdem kann es vorteilhaft sein, den Führerschein zu erwerben. Zum einen ist es eine kurze und einfache Angelegenheit, die nichts mit der deutschen Kontroll- und Prüfwut gemein hat. Und obendrein ist er quasi kostenlos.
Und zum anderen - wissen Sie, ob Ihnen nicht einmal Ihr »Heimat«- Führerschein weggenommen wird oder verloren geht? Bis Sie den neuen oder den Ersatzführerschein erhalten, wären Sie völlig blockiert und dürften auch sonst nirgends in der Welt fahren. Aber mit einem zweiten sieht das anders aus. Damit dürfen Sie immer noch überall fahren, lediglich in der alten Heimat nicht. Und falls Sie nachweisen können, mehr als die Hälfte des Jahres im Ausland zu verbringen und dort Ihren Lebensmittelpunkt zu haben, gilt der Kalifornien-Führerschein sogar in Deutschland.
Doch das vielleicht wichtigste kommt zum Schluß: In den USA wird der Führerschein als ID verwendet. Zum Eintritt in die Disco, zum Alkoholverkauf, zur Kontoeröffnung und vieles andere - der Führerschein weisst Sie als local resident aus. Diese Vorteile sind nicht zu unterschätzen.
Die folgende Darstellung wird Ihnen vielleicht etwas unglaublich vorkommen. Seien Sie versichert, es funktioniert genau wie dargestellt. Sie sind herzlich eingeladen, alle Angaben jederzeit im Selbstversuch zu prüfen:

- Eine Anmeldung ist nicht notwendig!
- Die Durchführung der Prüfung und die Aushändigung des Führerscheines ist ohne weiteres innerhalb eines Vor- oder Nachmittages möglich!
- Ihr Wohnort und Ihr Status (Tourist/Besucher/Einwohner) spielt überhaupt keine Rolle!
- Die Prüfung kann landesweit und jederzeit an jedem Ort mit Driving License Office abgelegt werden!
- Der Führerschein ist kostenlos. Die Minigebühr ($12 in 1999), die Sehtest, Foto und Ausfertigung einschließt, wird

erst nach erfolgreicher Prüfung berechnet!
Das kalifornische Verkehrsministerium hat übrigens eine ganze Datenbank nur zur Information rund um den Führerschein eingerichtet. Dort finden Sie die Adressen aller Offices, die aktuellen Gebühren, und die Fragen. Sogar einen Testbogen können Sie direkt am Computer ausfüllen:

Sofort-Kontakt

http://www.dmv.ca.gov/dl/dl.htm

Die ID-Card

Die ID (Identification) - Card ist ursprünglich als amerikanischer Personalausweis konzipiert worden und hat diesen Status auch immer noch inne. Den Rang abgelaufen hat ihr jedoch der Führerschein, weil im Autofahrerland Amerika halt fast jeder einen hat. Doch wer keinen hat oder einfach noch gern ein anderes amerikanisches Dokument hätte, kein Problem. Die ID-Card sieht genau so aus wie ein Führerschein, außer der Aufschrift »Not a Driver license«. Sie wird auch in den gleichen offices, also den Driving License offices ausgestellt. Es funktioniert genau wie beim Führerschein, bloß das eben keine Prüfung und kein Sehtest abzulegen ist. Die Ausstellungsgebühr beträgt $3.

Die Social Security Card

Um die sogenannte Social Security Number (sohschel sikjuritie nammber, SSN) dreht sich das ganze Leben in den USA. Ursprünglich als Identifikator für Rentenansprüche gedacht, ist sie mittlerweile zum einfachen und nichtverwechselbaren individuellen Identifikationsmedium mutiert. Ob es um Kontoeröffnung, Telefonanmeldung oder sonstiges geht. Immer wird die SSN verlangt. Wenn Sie in den USA eine Kreditkarte beantragen wollen, was auch für Ausländer nichts besonderes ist, geht ohne diese Nummer überhaupt nichts. Viele Amerikaner sind sehr vorsichtig damit, weil sie den Großen Bruder nicht ganz zu Unrecht fürchten.
Jedermann kann eine solche Nummer beantragen und bekommen. Bei der Erstbeantragung müßen Sie persönlich ins Amt, um Ihren Ausweis vorzuzeigen. Die Nummer selbst kommt dann später per Post, auf einem EC-Kartengroßen Stück Papier. Sind sie weder Amerikaner noch im Besitz einer GreenCard

noch im Besitz einer Arbeitserlaubnis, dann steht unübersehbar über Ihrer Nummer der Aufdruck »Not valid for Employment« (nicht gültig für angestellte Tätigkeit). Nachdem Sie die Karte unterschrieben haben, besitzen Sie ganz offiziell eine Social Security Number der USA. Die Antragsformulare, die nichts besonderes sind, können Sie entweder per Telefon bestellen (1-800-772-1213), per Internet abrufen

Sofort-Kontakt

http://www.ssa.gov

oder in Person abholen. Auf der oben genannten Seite befindet sich ein sogenannter Government locator. Dieses kleine Programm sagt Ihnen genau, wo sich die für Sie nächstgelegene Amtsstelle befindet und zeigt Ihnen auch gleich den Stadtplan dazu an. Alles was Sie benötigen ist ein ZIP-Code (das ist die amerikanische Postleitzahl, gibts u.a. auf der Internetseite der US-Post). Der gesamte Vorgang und auch die Ausstellung und Zusendung der Karte ist kostenlos. Falls Sie andere Fragen oder Probleme haben: Social Security Administration, Office of Communications, Post Office Box 17740, Baltimore, MD 21235.

5.0 Live your dream - Wohnen

Wen die Liebe zu Kalifornien gepackt hat, der wird früher oder später darüber nachdenken, aus den zahlreichen Urlauben eine regelmäßigere und kostengünstigere Variante zu entwickeln. Dabei gibt es viele verschiedene Möglichkeiten, sich ein zeitweiliges oder dauerhaftes Zuhause im Dauersommer zu besorgen. Welche davon für Sie die richtige ist, wird von Ihren konkreten Plänen und Möglichkeiten abhängen. Vom Langzeit-Hotelaufenthalt über ein Mietappartment zum Hauskauf, ja bis zum Wohnen auf der eigenen Yacht ist alles möglich und auch sehr einfach zu organisieren. Allein Ihr Wunsch und das Konto bestimmt.

Aller Voraussicht nach wird sich die Mehrzahl der Menschen für Immobilieneigentum entscheiden. Dann ist üblicherweise das eigene Haus Standard, weit mehr als in Mitteleuropa. Condominiums (Eigentumswohnungen) gibt es natürlich auch, doch die freistehenden Häuser überwiegen im Immobilienangebot bei weitem. Meistens stehen die Häuser auf einem 500-1000 qm großen Grundstück, das vorwiegend aus gepflegtem Rasen besteht. Auf dem Land, der countryside, sieht das noch ein wenig anders aus. Dort beginnen die Grundstücke in der Regel bei 2000 qm. 10.000 qm oder noch mehr Land um das Haus herum ist gar nicht so ungewöhnlich, wie es sich für mitteleuropäische Ohren anhört. Allerdings wegen der möglicherweise damit verbundenen Arbeit auch nicht nur von Vorteil. Für einen Amerikaner ist das eigene Heim ein Muß. Wer nur zu Miete wohnt, wird leicht schief angeschaut und gilt als Versager. Dies gilt natürlich nicht für Langzeittouristen oder frische Einwanderer, die einige Zeit benötigen, um sich zu orientieren.

Begünstigt wird der Drang zum Immobilieneigentum auch durch die relativ hohen Mieten im Vergleich zu den Hauspreisen. Für ein Eigenheim, das bei Kauf $100.000 kosten würde, bezahlt man leicht $1000,- Miete/Monat. Da braucht man kein großer Rechenkünstler zu sein, um festzustellen, das der Kauf der Miete allemal vorzuziehen ist.

Bauweise und Ausstattung

Natürlich stellt sich bei den relativ niedrigen Kaufpreisen gleich die Frage nach der Qualität und Ausstattung. In Kalifornien wurden und werden viele Wohnhäuser komplett aus Holz gebaut. Sogar diejenigen, die von außen nach Ziegelbau aussehen, sind oft nichts weiter als verkleidete Holzhäuser. Das soll jedoch nicht bedeuten, die Häuser seien in irgendeiner Weise minderwertig. Das Gegenteil ist der Fall was den Rohbau anbelangt. Die Amerikaner haben handwerkliche Fertigkeiten in der Holzbauweise entwickelt, die Stabilität, Atmungsaktivität und kostengünstige, zügige Bauweise sehr gut vereinigt. Man baut ohne Unterkellerung, oft nur ebenerdig, höchstens ein zusätzliches Stockwerk und fast immer mit Garage. Viele der in den letzten Jahren errichteten Häuser wurden und werden in einem sehr eleganten und ansprechenden Bungalow-Stil des Mittelmeerraumes gebaut. Die Ausstattung der Häuser gehört oft zum Lieferumfang dazu, gleich ob Sie gebraucht oder neu kaufen. Beim Neubau gibt es Komplettpakete ab ca. $12.000, die alles vom Teppich über Küchenmaschinen bis hin zu den Wandbildern liefern und ein- bzw. anbauen.

Alle Häuser besitzen Strom- und Telefonanschluß. In den rural areas, also den ländlichen Gebieten kommt es vor, das die Wasserversorgung über ein großes Regenwasser-Auffangsystem sichergestellt wird (Vorratsbehältervolumen ca. 10.000 l, diverse Filteranlagen, Versorgung über elektrische Pumpen). Das funktioniert weit besser, als man es sich vorstellt. Das System schont die Umwelt, das Wasser kostet nichts und ist von einer natürlichen, ungechlorten Reinheit.

Airconditioning, in neueren Bauten immer zentral, ist ein Muß und regelmäßig der größte Stromverbraucher im Haus. Den Klimaanlagen kommt der Stellenwert der Heizung in europäischen Häusern zu. Alter, Anschlußwert, Zustand und so weiter können beim Hauskauf über nennenswerte Zusatzkosten entscheiden. In Kalifornien sind oft nur in den nördlichen Regionen Heizungen eingebaut.

Sowohl die Miet- als auch die Kaufobjekte enthalten so gut wie immer eine komplette Küche mit Herd, Backofen, Kühlschrank und oft sogar eine Waschmaschine. Die Bettgrößen werden nach amerikanisch-englischen Vorbild unterschieden nach Single, double, Queensize und Kingsize.

Mieten oder Kaufen?

Der Vollständigkeithalber müßte dieses Unterkapitel »Mieten,

auf Kredit oder bar kaufen?« heißen. Obwohl ja davon auszugehen ist, das Sie ausreichende finanzielle Mittel mitbringen, um Ihr Häuschen bar zu bezahlen (hat ja schließlich auch Verhandlungsvorteile), so könnte es sein, das Sie aus anderen Gründen nicht bar bezahlen möchten. Deshalb wird hier auch die Kreditvariante mitbehandelt.
Obwohl natürlich nichts über den eigenen Besitz geht, so ist die damit verbundene Arbeit und die Unterhaltsaufwendungen nicht jedermanns Sache. Bei einem Mietobjekt entstehen da natürlich viel weniger Verpflichtungen. Wieder wird die richtige Entscheidung von Ihren Langzeitplänen und auch Ihrem beabsichtigten Lebensstil abhängen.
Um eine Immobilie zu kaufen, benötigen Sie in Amerika das down payment, das ist die Anzahlung, auf jeden Fall in bar. Und zwar sowohl für den Bar- als auch für den Kreditkauf. Abhängig von der Art des Kredites beträgt diese Anzahlung oft 10% des Kaufpreises, kann aber bis zu 3% niedrig sein. In seltenen Fällen gibt es auch mal 0%. Je niedriger das down payment, umso interessanter wird es für Menschen, die etwas von Häusern verstehen und wissen, wie damit Geld zu verdienen ist. Dann ist nämlich der Kauf ohne Eigenkapital möglich.

Wohnung. Reihenhaus. Oder freistehend?

Wie schon angedeutet, ist das Angebot und auch die Nachfrage für freistehende Einfamilienhäuser mit Abstand am größten. Dann folgen die Eigentumswohnungen (condominiums) und danach die Reihenhäuser (townhouses). In dieser Reihenfolge. Ausnahmen bestehen manchmal in den City-Gebieten von grösseren Städten.
Die Grundstücke der freistehenden Häuser sind typischerweise so angelegt, das sich vor oder hinter dem Haus Rasenfläche befindet. Da haben Sie schon die erste Verpflichtung - Rasenmähen. Und der wächst zumindest im südlichen Teil von Kalifornien das ganze Jahr über. Dazu die immer mal vorkommenden Reparaturen, die Sie entweder selbst durchführen müssen oder aber dafür zur Kasse gebeten werden. Doch alles wird aufgewogen durch die nicht zu übertreffende Unabhängigkeit. Anders als bei einer Eigentumswohnung oder einem Reihenhaus müssen Sie niemanden für nichts fragen. Auch den Wert behält ein freistehendes Haus üblicherweise gut, besser als die beiden anderen Versionen.
Eine Eigentumswohnung ist normalerweise billiger als ein Haus, ungefähr gleiche Lage, Größe etc. vorausgesetzt.

Die fixen Kosten (maintenance) werden oft von der condominium association festgesetzt. Das ist üblicherweise eine Verwaltungsgesellschaft, mit der die Probleme beginnen können. Die Fixkosten, die durch die Gesellschaft festgesetzt werden, können im Laufe der Zeit derartige Höhen erreichen, das die Wohnung zu einem späteren Zeitpunkt auch mit erheblichen Preisabschlag nur schwer zu verkaufen ist. Die Gesellschaften erhöhen auch bei Eigentümerwechsel gern die Monatspauschale ohne weitere Begründung. Sie sollten sich also mit dem Vorbesitzer, oder besser noch mit anderen Bewohnern darüber unterhalten. Jedenfalls wird Monat für Monat Ihr Anteil an den Wartungskosten fällig. Etwa für Rasenmähen, Hausanstrich oder Reparaturen. Änderungen an den Außenwänden dürfen Sie nicht ohne weiteres vornehmen, weil es das Gesamtbild beeinflußt. Nicht gerade meinem Verständnis von freier Entscheidung über persönliches Eigentum entspricht auch die Tatsache, das die Hausverwaltung einen Käufer ablehnen darf, falls Sie sich zum Verkaufen entschlossen haben.
Ein Vorteil liegt darin, das Sie sich um nicht viel kümmern müssen. Es lebt sich mit weniger »ich muß noch dies und das erledigen«. Kein Rasenmähen oder Wände streichen - alles wird von der Hausverwaltung geregelt. Ein zweiter Vorteil liegt darin, das ein condo oft billiger als ein Haus ist. Allerdings steigen sie auch langsamer im Wert.
Townhouses schließlich sind das, was wir Reihenhäuser nennen. Auch sie sind billiger als die freistehenden Häuser. Allerdings - sie bieten noch nicht das Optimum an Privatsphäre, worauf die Amerikaner weit mehr bedacht sind als die Europäer. Deshalb sind Townhouses, verglichen mit dem Gesamtmarkt, auch nicht sonderlich oft zu haben und auch nicht sonderlich gut nachgefragt.

5.1 Ein Haus/Wohnung mieten

Für den Entschluß, ein Haus oder eine Wohnung zu mieten, gibt es viele Gründe. Erst mal mit der Gegend vertraut werden, kein Kapital binden, sich die Option für eine andere Stadt offenhalten oder einfach keine Verantwortung und Arbeit übernehmen wollen. Auch die Absicht, erstmal mit den Eigenheiten und Gegebenheiten im Immobilienmarkt vertraut zu werden, kann ein guter Grund sein.
Einen umfangreichen Vermiet-Markt für Kalifornien finden Sie

in den großen Tageszeitungen, etwa der *Los Angeles Times* und dem *San Francisco Chronicle*. Andere Regionen haben ihre eigenen Tageszeitungen mit dem entsprechenden Kleinanzeigenmarkt. Obwohl die Rubriken »Real Estate for Rent« jeden Tag im Anzeigenteil vorhanden sind, finden Sie die meisten Angebote in den Ausgaben vom Samstag und Sonntag. Alle Anzeigen, und weitere, die nicht in der Zeitung stehen, finden Sie auch kostenlos im Internet:

Sofort-Kontakt

http://www.sfgate.com
http://www.latimes.com

Wie so eine Anzeige ausschaut und mit welchen Abkürzungen gearbeitet wird, daran machen wir uns jetzt. Es handelt sich um eine authentische Anzeige aus der *Los Angeles Times* aus der Zeit, in der ich dieses Manuskript schrieb. Sie brauchen also wahrscheinlich nicht mehr anrufen. Anzeigenbeispiel:

> SF/downtown, 2/1, new washer/dryer, new tle flrs, pool, new cent a/c, no pets, $825/mo, utilities included, mtly/yrly, ph 813-544-6371

Alles klar? Ja, die Amis lieben Abkürzungen. Außerdem unterstützen die relativ hohen Anzeigenpreise diese Neigung nochmals. Hier die Decodierung:

SF/downtown

Der Anzeigentext beginnt so gut wie immer mit dem Ort oder Stadtteil, in dem sich das Objekt befindet. Hier handelt es sich um San Francisco, Stadtmitte.

2/1

beschreibt die Zimmerzahl und bedeutet 2 bedroom und 1 bathroom. Da der living room nie gezählt wird, handelt es sich also um eine 3 Zimmerwohnung mit einem Bad/Dusche/Toilette. Auch einen Flur gibt es nur selten, regelmäßig stehen Sie nach dem Öffnen der Wohnungstür direkt im Wohnzimmer. Die zusätzliche Bezeichnung House würde auf ein freistehendes

Einfamilienhaus hindeuten, t/house oder townhouse auf ein Reihenhaus. Flat, unit und appartment steht für eine Wohnung oder Zimmer.

new washer/dryer
Die Wohnung ist mit neuer Waschmaschine und mit neuem Wäschetrockner eingerichtet.

new tle flrs
new tile floors, neue Bodenfliesen.

pool
Das Gebäude besitzt einen pool für die Mieter.

new cent a/c
new central air condition, neue Zentralkühlung (Klimaanlage).

no pets
Sorry, Haustiere sind nicht erlaubt.

$725/mo
Monatsmiete

utilities included
Nebenkosten sind eingeschlossen. Das ist schön und kommt nicht oft vor. Wasser ist zwar billig in Kalifornien, aber der Strom! Obwohl die Kilowattstunde in den USA durchschnittlich nur ungefähr ein Drittel des deutschen Preises kostet, können ihre Stromkosten sehr in die Höhe steigen, weil die Klimaanlagen große Verbraucher sind.

mtly/yrly
monthly/yearly und bedeutet, das der Vermieter auf Monats- oder Jahresbasis zu vermieten bereit ist, ganz nach Mieters Wunsch.

ph 813-544-6371
Die Telefonnummer des Vermieters oder Maklers. Wenn nur 7 Ziffern angegeben wären, fehlt die Vorwahl. Das ist dann immer diejenige des Hauptverbreitungsgebietes der Zeitung.

Selbstverständlich können Sie auch direkt zu einigen der zahlreichen Immobilienmaklern ins Büro gehen. Deren Büros

erkennen Sie schon von weitem an den Schaufenstern, die voll mit Fotos von Verkaufsangeboten hängen.
Für Mietangebote allerdings müßen Sie anfragen, da sie bei den Maklern nicht so zahlreich vertreten sind. Ausserdem bearbeiten die Maklerbüros gerade bei Mietobjekten nur diejenigen, die in Ihrem eigenen engen Umkreis liegen. Um das Internet oder den Zeitungskauf wird man also schwer herum kommen.
So oder so, nach der telefonischen Avisierung und Klärung eventueller Fragen vereinbaren Sie einen Termin und besichtigen das Objekt. Wie fast immer in den USA ist auch bezüglich der Miethöhe ein Handeln möglich. Bei Einigung verläuft die Abwicklung schnell und Sie können innerhalb von wenigen Tagen, manchmal auch am gleichen Tag einziehen. Oft verlangen die Vermieter 3 Monatsmieten Kaution (erster Monat, letzter Monat und eine Monatsmiete Sicherheit) und verlangen Mindestmietdauern von 6 oder 12 Monaten. Aber wie schon gesagt, zumindest ein Handelsversuch ist immer angebracht.

5.2 Ein Haus/Wohnung kaufen

Wie überall in der Welt regelt sich der Preis für die Immobilien in Kalifornien nach Angebot und Nachfrage. Ein 2000qm großes Grundstück kann in wenig entwickelten Gebieten für $4000 zu haben sein, kann aber in renommierter Lage in zum Beispiel San Francisco auch $1.000.000 oder mehr kosten. Die Hauspreise variieren sehr stark im Bereich von $30.000 bis hin zu vielen Millionen. Die Lage ist extrem entscheidend und variiert ebenfalls viel stärker als in Mitteleuropa. An der Küste ist die vorderste Reihe natürlich immer am teuersten, oft bezahlen Sie nur den Grundstückswert, das Haus gibt es »gratis« dazu. Oder gute oder »schlechte« Nachbarschaft, an einem Kanal, in der »Pampa«. All das und vieles mehr hat großen Einfluß.
Im Landesdurchschnitt kostet ein Standard-Einfamilienhaus incl. Grundstück in Kalifornien ca. $ 100.000,- Darin sind Garage, Kücheneinrichtung, oft auch die Möbel mit eingeschlossen. Aber was bedeutet »im Landesdurchschnitt« ? Es bedeutet, das Sie in den Ballungsgebieten an der Küste die mit Abstand höchsten Immobilienpreise des gesamten Landes finden. Dort kostet ein Durchschnitts-Haus ca. $ 250.000. Durch die ungebrochen hohen Zuzugsraten nach Kalifornien

dürften die Preise auch mittelfristig weiter ansteigen.
Das Angebot an zum Verkauf stehenden Häusern ist verglichen mit der Einwohnerzahl groß, weil Amerikaner überhaupt nicht emotionell an ihr Haus gebunden sind und gern umziehen. Außerdem lieben Sie es, nebenher ein bißchen Geld zu machen, und das wird eben auch mit dem eigenen Haus versucht. Handeln ist immer angesagt!
Um die Immobilienmakler werden Sie wahrscheinlich nicht so einfach herumkommen, denn diesen Berufsstand gibt es wie Sand am Meer. Oft gehen die Makler noch einer zusätzlichen Beschäftigung nach. Bei deren Büros handelt es sich oft um Franchiseunternehmen der großen Immobilienketten. Aber es gibt auch kleinere unabhängige Büros.
Ein us-weites Computernetzwerk zwischen den Maklern macht es Ihnen im Gegensatz zum Mietgesuch möglich, auch in weiter entfernten Orten nach guten Angeboten Ausschau zu halten. Die Verkaufsprovisionen sind im Verkaufspreis des Objektes versteckt und werden dem Verkäufer, nicht dem Käufer in Rechnung gestellt. Die Größenordnung liegt bei 6%, wovon der Makler selbst die eine Hälfte und der Franchisegeber die andere Hälfte bekommt.
Und die Bürokratie des Kaufes ist eher geringer und unkomplizierter als in Europa. Man einigt sich, bezahlt und läßt in einer Art Grundbuch die Besitzrechte eintragen. In der Regel erledigt dies alles der Makler. Ist er ein eher träger Zeitgenosse, sollten Sie ihn schriftlich dazu verpflichten. Soweit die Theorie. In der Praxis bekommen Sie es mit einer Papierflut zu tun, die nicht von schlechten Eltern ist. Doch die große Mehrzahl der Dokumente erhalten Sie nicht vom Staat, sondern von allen möglichen privaten Unternehmen, wie weiter unten beschrieben ist.

Neu oder Gebraucht kaufen?
Falls Sie noch unentschieden sind, können Sie über folgende Punkte nachdenken:

Wohnfläche
Ältere Häuser sind oft größer wegen den relativ stark gestiegenen Baukosten. Dafür haben neuere Häuser den besseren Grundriß, den Sie sich obendrein aussuchen können.

Lage
Nach wie vor gilt auch in Kalifornien für Immobilien: Location,

Location, Location. Und nach wie vor befinden sich ältere Häuser oft nahe den heutigen gefragten Zentren. Neuere Häuser werden oft dort errichtet, wo der Grund noch billig ist, also in »Außerhalb-Bezirken«.

Gestaltung
Schattenspendende Bäume, großzügige Rasen etc. finden sie häufiger auf älteren Grundstücken. Neuere Gebäude werden kosteneffizient hochgezogen, da kommt Stil und Ausprägung manchmal etwas kurz.

Charme
Holzböden oder terra cotta finden Sie natürlich viel eher in älteren Häusern. Sieht zwar schön aus und erzeugt ein heimeliges Gefühl, aber die Erhaltungs- und Pflegekosten können hoch sein.

Layout
Heutige Technik, kombiniert mit amerikanischer Bequemlichkeit bietet mehr als früher. Genausoviele Badezimmer wie Wohnräume, Centralair und riesige Küchen werden Standard. Das alles gab es früher noch nicht. Man kann ein älteres Gebäude zwar jederzeit umbauen, aber ob sich das dann lohnt?

Energiekosten
Durch die vielen Verbesserungen in der Technik und Materialforschung steht die Kostenbilanz eines modernen Hauses sehr gut da im Vergleich zum älteren Bau. Die Stromkosten für die Klimaanlage können Hauptbestandteil der Unterhaltskosten eines Hauses werden!

Communities
In den neueren Wohnanlagen gehören Schwimmbäder, Fahrradwege und Golfplätze zum Standard. Bei älteren oft nicht.

Wohnungseinrichtung
Häuser werden in den USA oft mit der Einrichtung verkauft. Mit etwas Pech bedeutet der Kauf eines älteren dann auch gleich den Kauf von Waschmaschine, Kühlschrank etc. In neuen Häusern sind auch die Geräte neu.

Garantie

Mit einem neuen Gebäude erwerben Sie normalerweise auch eine Garantie von 12 Monaten. Diese Garantie umfaßt nahezu alles. Fundament, Struktur, Dach, Installationen, Einrichtungen. Das entfällt natürlich bei den meisten gebrauchten.

Äpfel mit Äpfeln vergleichen
Ein Haus für $80k (gleich mal an die amerikanische Schreibweisen gewöhnen. k steht für kilo und deshalb für »multipliziert mit 1000«, hier also $80,000. Die Amis setzen bei Zahlenangaben ein Komma, wo wir einen Punkt setzen würden - und umgekehrt.) scheint eine gute Gelegenheit zu sein in einer Nachbarschaft, wo der Durchschnittskaufpreis bei $110k liegt. Aber nur, falls die Renovierungs- und Umbaukosten weniger als $30k betragen!

Steuern
Die avisierten Grundsteuern für Neubauten in neuen Wohngebieten können ansprechend niedrig ein. Denken Sie aber bitte daran, das ein Ansteigen wahrscheinlich wird, sobald sich die Regierung für das Bauen von Schulen, Abwasseranlagen und sonstigen öffentlichen Einrichtungen entscheidet. Diese Infrastruktur ist woanders bereits vorhanden und liefert keinen Grund mehr für Steuererhöhungen.

Qualität
Einige Menschen ziehen ältere (nicht uralte) Häuser lieber in Betracht, weil angeblich »damals« noch mit Qualität gebaut wurde. Ich weiß nicht, ob das stimmt. Sicher ist jedoch, das ein bereits zu besichtigendes Haus besser nach diesen Kriterien zu beurteilen ist und man sich nicht auf seinen Eindruck vom Bauträger verlassen muß. Auf der anderen Seite sind in neueren Gebäuden Isolier- und andere Standards allgemein moderner und damit höher.

5.3 Ihr Traumhaus direkt am Wasser

Kalifornien ist das Land der Qual der Wahl. Bei der Hausfrage müßen Sie zusätzlich zu allem anderen auch noch entscheiden, ob Ihr zukünftiges Heim vielleicht am Wasser stehen soll. Klar ist der Bundesstaat dafür mit seinen langen Meeresküsten und Kanälen geradezu prädestiniert und folgerichtig gibt es zahlreiche Haus- und Grundstücksangebote am Wasser. Das hört sich für viele Menschen sehr verlockend an und stellt zweifellos auch die gehobene Qualität des Wohnen dar. Frische Brisen, tolle Aussichten und erweitertes Freizeitangebot durch »easy boating« und nahe an der Natur leben zählen dazu. Doch einige Punkte sollten beachtet werden. Generell werden die folgenden Termini unterschieden:

- **On the beach/oceanfront**
  an der Meeresküste

- **Deepwater, no fixed bridges (NFB)**
  an einem Kanal ohne höhenbeschränkende Brücken auf dem Wasserweg zum Meer.

- **Ocean access**
  am Kanal mit Meereszugang

- **Waterfront**
  an Teichen oder Kanälen ohne Ausgang

Meeresküste
Häuser direkt an der Meeresküste sind in aller Regel größer und luxuriöser gebaut als an allen anderen Lagen. Ich empfehle Ihnen, einmal in San Francisco oder San Diego die Küstenstraße entlang zu fahren. Und eine Fotokamera mitzunehmen. Dort steht ein Multimillionendollar-Palast neben dem anderen.
Es hängt stark von der jeweiligen Stadt ab, ob sich außerdem noch höhere Nachfrage als Angebot addiert. In jedem Fall handelt es sich um die höherpreisigen Wohngebäude. Wetter und Steuern können sich als Nachteile im Paradies herausstellen. Wind, Wellen und salzhaltige Luft in Verbindung mit viel Sonnenschein nämlich können die Wartungskosten heftig erhöhen. Und die Kommunen wissen um die begehrten Lagen und setzen deshalb die jährlichen Grundsteuern für die Küstenimmobilien immer etwas höher an. Aber wer diese Hauspreise bezahlen kann, den dürfte das nicht scheren. Und schließlich eines noch. Obwohl man es sich ja wirklich traumhaft vorstellt - manche Menschen beginnen sich abends unwohl zu fühlen, wenn aus dem tollen Tagespanorama eine riesige unbeleuchtete, schwarze Fläche wird.

Tiefwasser ohne feste Brücken

»Deepwater« bedeutet, das über den Kanal hinter Ihrem Haus Zugang zum tiefen Wasser besteht. Nicht etwa, das die Wassertiefe vor/hinter Ihrem Haus groß ist. Konkret heißt es, daß sich keine festen Brücken (fixed bridges), die die benutzbare Bootsgröße stark begrenzen, zwischen ihrem Eigentum und dem Ozean befindet.

Am Kanal mit Meereszugang
Ocean access lautet die Verschleierung der Tatsache, das nur mit kleineren Sportbooten Zugang zum offenen Meer besteht, weil Brücken mit fester Durchfahrtshöhe, meistens sehr niedrig (1-3m) im Weg stehen. Das kann für kleinere Motorboote ausreichen (unbedingt vor dem Kauf bei Hochwasser ausprobieren oder messen!), keinesfalls aber für Segelschiffe oder Motoryachten. Natürlich macht sich diese Einschränkung im Preis bemerkbar. Wenn Sie das Wasser lieben, große Yachten aber nicht, ist ein Grundstück hier vielleicht die richtige Wahl. Denn auch der passierende Bootsverkehr ist hier natürlich eingeschränkt. Es handelt sich um Grundstücke, die meistens weiter ab vom Meereszugang liegen. Da in vielen dieser Kanäle der Verkehr auf idle speed (Leerlaufgeschwindigkeit) begrenzt ist, kann die Bootsfahrt zum Angeln vor die Küste recht lang dauern.

An Seen oder Kanälen ohne Ausgang
Sieht schön aus - aber bitte vergessen Sie alles, was mit Booten oder Schwimmen zu tun hat. Beides ist entweder nicht empfohlen oder verboten. Oder einfach nicht geraten.

Docks
Docks, diese Ausleger aufs Wasser, an denen man ein Boot festmacht oder angeln geht, haben einen Vorteil. Weil so gut wie immer aus Holz hergestellt und nicht verkleidet sind, braucht man kein Fachmann zu sein, um den Zustand feststellen zu können. Ein Dock/Steg ist entweder verrottet - oder nicht verrottet. Und beide Zustände sind gut erkennbar. Für die Bodenbretter gelten als Richtlinie eine Lebensdauer von 12-14 Jahren. Für die Pilings, das sind die senkrechten runden Holzpfähle im Wasser, gilt ungefähr das doppelte.

5.4 Vielleicht ein Gepfändetes kaufen? (foreclosure)

Obwohl es für die Besitzer oft eine traurige Geschichte ist, kann ein solcher Kauf für Menschen, die clever und schnell sind und am Geld verdienen Interesse haben, eine gute Möglichkeit bieten. Die öffentliche Einstellung in Amerika dazu lautet: »Du hast die Probleme des Besitzers nicht verursacht. Also brauchst Du Dich auch nicht schlecht zu fühlen, sein Haus zu kaufen. Irgendjemand wird von diesem Fall profitieren. Warum sollst das nicht Du selbst sein?«
Für eine Pfändung gibt es viele Gründe: Nicht geleistete Kreditabzahlungen, Steuerschulden der verschiedensten Art und vieles mehr. Die meisten Auslöser für eine Pfändung entstehen in den USA durch Scheidungen und Arbeitslosigkeit. Eine Möglichkeit, an durch die Regierung gepfändete und damit bald zur Versteigerung kommende Immobilien zu gelangen, lautet:

Sofort-Kontakt

http://www.ustreas.gov/auctions/irs
(Versteigerungen der US-Finanzbehörden)
http://www.ustreas.gov/auctions/customs
(Versteigerungen der US-Zollbehörden)

Dort gibt es übrigens auch alle anderen vorstellbaren Wertgüter wie Boote, Flugzeuge, Autos, Schmuck etc. Immer handelt es sich um beschlagnahmte Ware wegen nicht bezahlten Steuern, Drogenvergehen und ähnliches. Der Schlüssel zum günstigen Einkauf liegt wie so oft im Gewußt wie, im richtigen Timing und im Bewußtsein, das es wirklich in Arbeit ausarten kann. Dann kann sich diese Art der Beschäftigung zur gutbezahlten Haupttätigkeit entwickeln, weil tatsächlich immense Gewinne möglich sind. Das Sie bei/mit einem Broker kleinere Chancen haben, einen guten Kauf zu machen, dürfte klar sein. Im privatwirtschaftlichen Bereich machen Sie es lieber so:

- Suchen Sie nach einer verläßlichen Informationsquelle, um an die Fälle heranzukommen. Behördliche Nachrichten, Anwälte im Immobilienrecht, Title Versicherungen und das Grundbuchamt (nicht exakt dasselbe wie in Deutschland, county recorder of deeds) sind ein paar Möglichkeiten.

- Machen Sie sich Gedanken über die Organisation. Es dauert oft Monate bis sich der Besitzer endlich knapp vor der Pfändung entscheidet zu verkaufen oder der Rechtsweg nach der Pfändung geklärt ist.
- Sprechen Sie mit dem Noch-Besitzer. Finden Sie dabei heraus, ob das Objekt etwas für Sie ist und ob er mitmacht.

Prinzipiell bestehen drei Zeitpunkte einzukaufen:

- Vor dem Erlassen des Pfändungsbeschlußes. Viele Besitzer verkaufen jetzt schnell, um wenigstens noch etwas cash in die Hand zu bekommen (Sie merken bereits, die Mentalität ist völlig verschieden von der europäischen). Oft ist es jetzt möglich, für ein bis zehntausend Dollar das Haus zu kaufen (Die vorhandenen Kredite kaufen Sie mit. Deshalb MÜSSEN Sie vorher intensiv Informationen einholen. Oft lohnt sich der deal nicht. Die Kunst besteht darin, diejenigen herauszufischen, die sich lohnen).
- Auf der folgenden Pfändungsauktion (foreclosure auction). Falls Punkt 1) nicht geklappt hat, besteht jetzt die nächste Möglichkeit. Mit dem Verkauf werden die meisten der sogenannten junior liens (bestimmte Kreditformen) gelöscht, so das Sie weniger Belastungen einkaufen. Eventuell vorhandene Steuerschulden werden nicht gelöscht. Außerdem vermeidet diese Art des Kaufes ein Verhandeln mit dem oft psychisch belasteten Besitzer.
- Falls auf der Auktion keine Käufer anwesend waren, gehört das Haus jetzt der Bank oder Kreditgesellschaft. Die wollen es regelmäßig schnell loswerden, um wieder über cash zu verfügen. Sie sollten deshalb sofort anfragen, ob es zu einem Preis nahe der noch ausstehenden Kreditsumme verkauft wird. Sobald ein paar Tage vergangen sind, wird das Haus auf dem freien Markt zu Marktpreisen plaziert, dann ist es zu spät.

5.5 So gehts - Der Immobilienkauf

1) Suchen Sie im Kleinanzeigenteil der Zeitungen und achten Sie besonders auf die privaten Angebote ohne Makler, denn die Maklerangebote finden Sie noch früh genug. Die besten Anzeigentage sind Samstag und Sonntag.

2) Sie können im Internet fündig werden. Alle unter 1) genannten Kleinanzeigen und noch viele mehr warten im weltweiten Computernetz auf Sie. Kostenlos. Das geht schnell und einfach. Oft können Sie auch gleich Kontakt via email mit dem Besitzer oder dem Makler aufnehmen. Manche Makler mit eigenen Webseiten bieten bereits den virtuellen Besichtigungstermin an. Dabei können sie am Bildschirm durch das gesamte Haus laufen, als ob sie selbst dort wären. Vom Flur ins Schlafzimmer, danach ein Rundblick über die Küche und ab ins Badezimmer und dort genau in die Ecken schauen - kein Problem. Einige lohnenswerte Immobilienseiten sind:

Sofort-Kontakt

http://www.sfgate.com/chronicle
http://www.latimes.com
http://www.yahoo.com

3) Vielleicht möchten Sie auch einfach cruisen. Das ist Autofahren auf die ganz relaxte Art. Man schwebt im Automatikwagen mit voll eingeschalteter Klimaanlage sehr gemächlich durch die Straßen, trinkt dabei seinen Kaffee oder die Cola - auch der Fahrer - und bewundert die tollen Häuser. Viele Hausbesitzer stellen einfach ein Schild vor ihrem Haus auf, wenn sie verkaufen wollen. Und es wollen viele verkaufen.

4) Gehen Sie die Maklerangebote in deren Büros durch. Das können Sie auch abends nach Feierabend machen, weil die Angebote in den Maklerfenstern zahlreich sind und die Informationen Fotos und alle wichtigen Angaben enthalten.

5) In den vielen Magazinbehältern in den Städten finden Sie jede Menge Vollfarb- oder S/W-Magazine mit vielen Hausangeboten aus der entsprechenden Region zum kostenlosen Mitnehmen. Jedes Haus ist fotografiert, detailliert beschrieben und fast immer steht auch der Preis dabei. So können Sie in aller Ruhe am Strand oder beim Kaffee Ihr Traumhaus suchen oder eine engere Wahl treffen. Für einen Besichtigungstermin rufen Sie einfach den betreffenden Makler an und bitten um Rückruf, weil er mit

99%iger Sicherheit nicht anwesend sein wird.

6) Zusätzlich gibt es noch eine für Sie und mich völlig ungewohnte Möglichkeit, ein Haus zu kaufen, den Gebrauchthausmarkt. Ähnlich wie beim Gebrauchtautomarkt sind dort zu verkaufende Häuser geparkt. Auf einem eingezäunten Gelände stehen sie herum und warten auf einen Käufer. Kommt es zum Kauf, wird das Haus mittels Tieflader zu Ihrem Grundstück gefahren und einfach abgesetzt. Ihr neues Haus hat ein neues Zuhause gefunden! Alle notwendigen Anschlüße sind schnell gemacht. Eine sehr unkonventionelle Methode, aber nicht schlecht zum Preisverhandeln. Vollständigkeitshalber muß erwähnt werden, das es sich bei diesen Häusern allenfalls um Mittelklasse-Ausführungen handelt.
   Daneben gibt es noch die Möglichkeit, aus Gebrauchtteilen wie ganzen Wänden oder Dächern sich sein Haus selbst zusammenzubauen. Auch für diesen Modulhandel gibt es Märkte. Die Qualität und der Zustand ist jedoch nur für Individualisten interessant.

7) Melden Sie sich bei den Maklern Ihrer Zielregion als suchend und geben Sie bei der Frage nach dem maximalen Kaufpreis 10% weniger als Ihr Limit an. Der Makler wird Ihnen eh auch höhere Angebote vorstellen. Dann haben Sie gleich den ersten Grund zu Preisverhandlungen, ohne das Objekt überhaupt gesehen zu haben. Außerdem hat dieser Weg gerade für die Erstkäufer den Vorteil, mit der Materie etwas vertrauter zu werden. Vieles von dem, was für Sie totales Neuland ist, ist tägliches Brot für den Makler. Ob er will oder nicht, er wird Sie also quasi in den Immobilienmarkt einführen. Diese Gelegenheit sollten Sie nutzen.

Generell ist es wichtig, das Sie sich die richtige Gegend aussuchen. Zum einen, weil spätere amerikanische Käufer - wenn Sie einmal verkaufen möchten- ganz stark darauf achten. Zum anderen ist es wichtig, weil manchmal nur eine Straße entfernt vom schön aussehenden Neubauviertel ein wenig attraktives Armenviertel beginnen kann. Ich würde sagen, der amerikanische Spruch der Immobilienbranche »Location, location, location«, den Sie ja auch aus Deutschland kennen, ist hier noch viel strikter zu beachten als in Europa. Schauen Sie sich auch einmal die Nachbarschaft an. Und zwar zu verschiedenen Tageszeiten. Was vormittags um 11 Uhr nach ruhigem Mittelklasseviertel wirkt, kann sich ab 5 Uhr nachmittags schlagartig in eine rauhe Gegend verwandeln, in der Sie nicht mehr unbedingt vor die Tür gehen möchten. Probieren Sie es selbst aus. Für Eltern kann es auch wichtig sein herauszufinden, welche Schulen in der Nähe liegen und welchen Ruf diese haben.

Das Verhandeln

Generell unterscheidet sich das Geschäftsgebahren in den Staaten etwas vom gewohnten. Zudem unterscheidet sich der Ablauf, je nachdem ob Sie von Privat oder über irgendeine Form von Broker kaufen.

1) Zuerst schauen Sie sich das Objekt an und finden es nach mehreren Besuchen und Informationen immer noch gut.

2) **Beim Makler**: Sie unterbreiten ein offizielles, schriftliches Angebot, das durch ein Deposit, eine Anzahlung »verifiziert« werden muß. Das bedeutet nichts anderes, als das der Makler kein Angebot akzeptiert und es auch nicht zum Besitzer weiterleitet, für das Sie nicht zum Teil erhebliche Beträge (bis zu 10% Ihres Angebotspreises) als »Deposit« zu leisten bereit sind. Wohlgemerkt - ohne das Sie wissen, ob der Verkäufer Ihr Angebot überhaupt akzeptiert.

   Von Privat: Sie unterbreiten ein mündliches Angebot. Dann kann der Besitzer nun entweder

   a) sich totlachen. Gut! Sie wissen jetzt - das ist wohl etwas wenig gewesen. Den Preis erhöhen geht immer. Aber senken?
   b) sich beleidigt zeigen. Sie haben es mit einen sehr emotionellen Besitzer oder einen Schauspieler zu tun. Schlecht. Stellen Sie sich auf harte Gespräche ein.
   c) sich ruhig und vernünftig verhalten. Gut.

So oder so, wahrscheinlich kommt nun das Verhandeln auf Sie zu. Die Amerikaner sind grundkapitalistisch. Handeln ist Bestandteil des täglichen Lebens, in jedem Bereich. Ein Spruch hier lautet (bezüglich Geschäften) »Wer mit dem Herz entscheidet, stirbt an Herzinfarkt«. Vertrauen Sie bloß nicht darauf, das es der andere gut mit Ihnen meint. Das würde möglicherweise ein teurer Spass.

Tip
Grundsätzlich ist alles verhandelbar. Nicht nur der Preis, sondern auch die Lieferzeit, die Einrichtung, die Steuern, einfach alles. Sogar die Tatsachen, über die gesagt wird, »das steht nicht zur Disposition« sind verhandelbar. Auch die, die in irgendeinem Dokument schriftlich vorgedruckt als »nicht verhandelbar« dastehen - sie sind verhandelbar. Nur keine falsche Scham.

Nur aus Prinzip den Preis herunterzuhandeln ist aber nicht so gut. Sie könnten das Schnäppchen des Jahrhunderts vor sich haben und würden das Geschäft vielleicht verlieren. Auch hier gilt: wohl überlegen und abwägen. Nur als Anhaltspunkt: Ca. 10% des Kaufpreises als Nachlaß ist oft von vornherein einkalkuliert.
Je nach Hauskaufpreis und örtlichen Steuersatz kann auch der Status der noch geschuldeten Steuern ein bestimmender Faktor für Ihre Preisvorstellungen sein. In den USA nämlich schuldet das Haus, nicht etwa der Besitzer die Steuern (und ein Schiff schuldet die Dockmiete, nicht der Eigner!). Der Hintergrund davon ist: Nach der US-Gesetzgebung ist es einfacher, das Haus oder Schiff gleich zu pfänden, als sich mit dem Besitzer oder dessen Verhältnissen herumzuschlagen. Also: Falls Ihr Traumhaus mit Steuerschulden belastet ist, dann schulden Sie die nach dem Erwerb! $3000 spielen keine große Rolle, wenn das Haus $150.000 kostet, aber bei einer Immobilie für $60.000 handelt es sich bereits um einen Aufschlag von 5%! Finden Sie also heraus, ob der Besitzer seine (Grund-) Steuern immer brav bezahlt hat.

Verhandlungstips

- Informieren Sie sich über das Objekt und die Verhältnisse drumherum so gut und tief als möglich. Wissen ist Macht in Verhandlungen (Nix wissen macht doch etwas). Sie sollten zum Beispiel wissen, was vergleichbare Häuser der Nachbarschaft kosten und begründen können, warum Sie diesen, und genau diesen Preis anbieten. Und Sie sollten wissen, wie vergleichbare, erst vor kurzem gelistete Häuser angeboten werden. Ein schriftlicher CMA (comparative market analysis) faßt die oben genannten Punkte zusammen aus Computerangeboten von vergleichbaren Häusern.

Denken Sie auch daran, das Sie der Käufer sind. Falls es nicht gerade d e r Schnäppchenkauf ist, dann bestimmen Sie den Ablauf, auch zeitlich. Oder die Gegenseite wittert eine schwache Stelle.

- Betrachten Sie Zeit als einen Verhandlungsfaktor. Zögern Sie nicht, den Verkäufer zu fragen, warum er verkauft. Falls es sich zum Beispiel um einen Umzug handelt, kann einfaches Warten Wunder wirken. Allerdings werden Sie mit vielen Angeboten konfrontiert werden, bei denen absolut kein Zeitdruck besteht. Diese befinden sich auf dem Markt, weil der Besitzer nur im Fall eines (für ihn) sehr günstigen Preises verkaufen würde. Lassen Sie bitte auch niemals nicht auch nur im Bonsaiformat durchblicken, das Ihnen die Zeit davonläuft. Im genau gleichen Moment ist dann nämlich auch ihr deal davongelaufen.
- Versuchen Sie den wahren Motivationsgrund für den Verkauf herauszufinden. Da ist ein anderer wichtiger Punkt. Falls der Besitzer cash benötigt (oft der Fall) oder seine Scheidung möglichst vorteilhaft gestalten will (sehr oft der Fall), können Sie ihn mit entsprechend gestalteten Angeboten leichter von Ihrem Angebot überzeugen. Falls Sie es mit einen Broker zu tun haben, der nicht gern mit den Gründen herausrückt (extrem oft der Fall) sagen Sie ihm einfach »Ich/wir würden die Beweggründe gern kennen, um ein passendes Angebot machen zu können, das den Anforderungen des Verkäufer entspricht« Das überzeugt in der Vielzahl der Fälle ziemlich schnell.
- Verhandeln Sie nur mit Entscheidungsträgern. Lassen Sie sich auf kein offer ein, das »contingent on the approval of a third-party«, also abhängig von dem Einverständnis einer weiteren Person ist. Das klappt meistens nicht und ist reine Zeitverschwendung. Entscheiden Sie sich bedingungslos und rechtzeitig für »Möchte auf jeden Fall kaufen« oder »Kaufe nur, wenn meine Bedingungen erfüllt werden«
- Kein wirkliches Interesse am Kauf zeigen. Obwohl Sie vor Ihrem geistigen Auge schon den wunderbaren Abend im Traumhaus geniessen, sollten Sie die andere Seite denken lassen, das Zustandekommen des deals ist Ihnen so wichtig, als ob in China ein Sack Reis umfällt. Das stärkt Ihre Position ganz wesentlich. Keine Gefühle zeigen, sonst bezahlen sie die. Lassen Sie auch ganz beifällig fallen, das da noch ein anderes Haus ist, das Sie interessant finden (Seien Sie aber vorbereitet auf Fragen nach dem Ort, Größe

etc.)

- Vermeiden Sie die psychologische Falle der »Naja, die Verkäufer sind ja kompromißbereit, dann bin ich es auch« - Strategie. Die geht so: Zuerst haben Sie es mit einem unfreundlichen, ja rüden Kerl zu tun, der noch dazu sehr anspruchsvoll ist. Kurz bevor es Ihnen reicht und Sie sich zur Tür wenden, springt seine Ehefrau/Sekretärin/Tochter/Partner etc. ein, der sich entschuldigt und auch sonst das genaue Gegenteil des Ekels ist. Irgendwie zuvorkommend und liebenswert nämlich. Meistens allerdings einstudiert (oder naturbegabt, eher selten geschieht es auch unbewußt) mit dem Ziel, Ihnen das Einlenken vorzumachen und Sie damit unter eine Art Gewissensdruck zustellen. Die richtige Strategie hier ist, beide einfach reden zu lassen, bis nichts mehr zu sagen ist. Dann springen Sie ein und bieten genau den Preis, den Sie schon bei Beginn geboten haben oder beabsichtigten zu bieten.
- Vermeiden Sie es, sich unter Druck setzen zu lassen. Sehr beliebt ist, den Käufer gegenüber einem anderen Interessenten - ob tatsächlich vorhanden oder erfunden spielt keine Rolle - gegenüber auszuspielen und so den Preis hochzutreiben. Weigern Sie sich unbedingt von Anfang an, dieses Spiel mitzumachen. Der einzige Weg hier lautet: Machen Sie kein Angebot und teilen Sie dem Verkäufer im Gehen freundlich mit, falls er mit dem anderen Interessenten nicht zum Abschluß gekommen ist, könne er ja nochmal anrufen und sehen, ob Sie in der Zwischenzeit noch nicht fündig geworden sind.

Wertgutachten bestellen (appraisal)
In den USA wird zwischen Wertgutachter (appraiser) und Gutachter (inspector) stark unterschieden. Im Immobilienbereich benutzt der Wertgutachter Daten über vergleichbare Transaktionen, seine Erfahrung, Vor-Ort-Besuche und so weiter, um zu einem Schätzwert zu gelangen. Denn das wird es immer bleiben - ein Schätzwert. Da der appraiser überhaupt nicht einschätzen kann, was morgen vielleicht für ein Zeitgenosse auftaucht und zu zahlen bereit ist, ist es was es ist - ungenau. Nichtsdestotrotz verwenden die Geldgeber diese Wertgutachten -und manche bestehen darauf- um eine ungefähre Vorstellung vom Wert des zu beleihenden Objektes, vom Schreibtisch aus, zu bekommen. Die Kosten tragen natürlich Sie. Einigermassen vorteilhaft ist, das in allen US

Staaten die Wertgutachter eine Lizenz vom Staat besitzen müssen. Die wird nur nach Schulung und Erfahrung ausgegeben.

Die Inspektion (Home inspection)
Wie beim Gebrauchtwagenkauf können Sie, wenn Sie es sich zutrauen, natürlich den Zustand Ihres Traumhauses selbst ermitteln. Aber wie sicher sind sie sich dann? Über Spezialausrüstung werden Sie wahrscheinlich nicht verfügen, und hier sind die Risiken etwas anders gelagert wie in Europa. Mit Termitenbefall oder Bodenabsenkungen kennen sich nicht alle Europäer aus.
Die inspection ist wesentlich gründlicher als das appraisal, obwohl Käufer sich oft auf das Letztere verlassen. Dabei wird nicht bedacht, das der appraiser lediglich einen Immobilienwert angibt für Größe, Lage, Baustil und »Zubehör«. Er übersieht oft mechanische oder strukturelle Mißstände, weil das gar nicht seine Hauptaufgabe ist. Dafür gibts den inspector. Wie gesagt, eine Pflicht ihn zu bestellen gibt es niemals. Aber gerade bei Bauten, die älter als 10 Jahre sind kann es sich lohnen.
Fündig werden Sie zum Beispiel in den Gelben Seiten ihres Ortes unter »Building Inspection«. Ganz auf Nummer Sicher gehen Sie, wenn Sie einen inspector beauftragen, der einer anerkannten Organisation angehört.
Erkundigen Sie sich auch bitte *vor* der Bestellung über die Preise und den Arbeits- bzw. Leistungsumfang. Ich persönlich würde, wann immer möglich, den inspector auf seiner Tour durch mein künftiges Haus auf Schritt und Tritt begleiten. Sie können dabei eine Menge lernen.
Jedenfalls sind neue Erkenntnisse über den Zustand des Hauses in der Regel der Anlaß für neue Verhandlungen bezüglich des Kaufpreises, auch falls bereits der Vertrag unterschrieben ist. Das geht aber nur, wenn der Schriftsatz den Term »contingent upon attorney approval and inspection« enthält. Das bedeutet, das er nur dann gültig und entgültig ist, wenn ihr Anwalt und der inspector sein Ok gibt. Der Verkäufer erklärt sich entweder bereit, die Reparaturen vor dem closing selbst durchführen zu lassen oder er macht Ihnen (oder Sie ihm) ein neues Preisangebot. Kommt keine wie immer geartete Einigung zustande, gibt es meistens auch keinen deal.

Ein verbindliches Angebot unterbreiten (making an offer)
Alle Verträge im Zusammenhang mit Immobilien, nicht nur der

eigentliche Kaufvertrag, werden nach dem Gesetz nur in Schriftform anerkannt. Mündliche Abschlüsse sind vor Gericht nicht rechtskräftig. Es besteht dabei Vertragsfreiheit, das heißt die Gestaltung und Formulierung bleibt den Vertragsparteien überlassen. Höchstwahrscheinlich wird irgendeine Art von Vordruck verwendet. Diesen sollten Sie sich vor Unterzeichnung, besser noch vor dem Ausfüllen in Kopie geben lassen und in aller Ruhe durchlesen. Alle Punkte, die Sie aus sprachlichen oder rechtlichen Gründen nicht verstehen, bitte unbedingt vor dem Unterschreiben mit Ihrem Agenten oder Anwalt klären.
Denken Sie bitte auch daran, wer die Formulare entworfen hat. Viele der Vordrucke der National Association of Realtors (US-Maklervereinigung) haben Klauseln eingebaut, die Anti-Käufer, Anti-Verkäufer oder sogar beides formuliert sind. Der Zweck dieser Formulare liegt ganz eindeutig darin, unter allen Umständen zum Kaufabschluß zu kommen, denn nur dann verdient der Makler. Auch die Verpflichtung zur Bestellung bestimmter Serviceleistungen durch den Broker kann enthalten sein. Also generell - Achtung bei Vordrucken, die nicht aus neutraler Hand stammen.

Mindestangaben im offer

1. Name und Anschrift von Verkäufer und Käufer.
Lassen Sie sich am besten irgendein offizielles Dokument zeigen, das die Identität des Verkäufers/Besitzers bestätigt, wenn Sie den Kauf allein durchziehen. Etwa die driving license. Die hat in den USA Ausweisstatus. Notieren Sie auch die Führerscheinnummer bei den Personalien im Vertrag.

2. Hausbeschreibung
incl. aller mitverkauften Einrichtungsgegenstände und die vollständige Adresse. Falls sie nicht sicher sind, ob sich die Immobilie innerhalb der (gedachten) Stadtgrenzen befindet, lassen Sie das Feld leer oder tragen angenommen (assumed) ein. Auch der Hinweis, das ein abschließender Kauf vom Ergebnis eines Gutachtens abhängt (subject to survey-approval) ist klug. Wenn Sie die Haushaltseinrichtung mit in den Kauf eingeschlossen haben möchten, führen Sie alle Positionen möglichst einzeln und detailiert im Vertrag auf. Dann kommt der Verkäufer nicht auf die Idee, in letzter Minute den neuen Fernseher gegen einen vom Sperrmüll auszutauschen.

3. Anzahlungsbetrag
Theoretisch brauchen Sie keine Anzahlung zu leisten, um den Vertrag rechtswirksam werden zu lassen. Auch die absolute Höhe bleibt den beiden Vertragsparteien überlassen. Praktisch aber werden nur die wenigsten Besitzer sich ohne Anzahlung binden lassen. Nach Einigung über deren Höhe - von $100 bis zu 10% des Kaufpreises ist alles möglich - sollten Sie diese Summe dem Verkäufer nicht überlassen. Vielmehr gibt es dafür neutrale Escrow »Halter«, wie z.B. die title insurance oder eine Firma, die sich auf escrow spezialisiert hat. Auch bei der Bank, beim Broker Trust Konto oder beim Anwalt ist das möglich. Sobald der Verkäufer Ihr Angebot offiziell akzeptiert hat, gehört ihm laut Gesetz die gesamte Anzahlungssumme. Keine Ausnahme möglich! Trotzdem bestimmt normalerweise der Käufer, wo die Anzahlung verbleibt, bis das Geschäft rechtlich vollkommen abgewickelt ist. Sobald eine wie immer geringe Anzahlung geleistet wurde, und sei es auch bloß ein einziger symbolischer Dollar, ist der Verkäufer an Sie als Käufer gebunden. Er darf nicht mehr an jemand anderen verkaufen, auch nicht, wenn der mehr bietet. Falls er's doch tut, bekommen Sie sehr einfach Recht und Schadensersatz, weil das ein etablierter Grundsatz in der US-Rechtssprechung ist.

4. Der vollständige Kaufpreis
der sich nach dem langen oder vielleicht auch mal zügigem Verhandeln ergeben hat, muß enthalten sein. Achten Sie bitte auch auf die Zahlungs- und Lieferbedingungen. Ihr Angebot sollte immer abhängig vom Ok durch entweder dem Anwalt, dem Kreditgeber oder dem Gutachter sein. Auch wenn Sie sich ganz ganz sicher sind - die Absicherung kann der einzig legale Rettungsanker werden, den Sie haben, wenn doch noch neue Erkenntnisse auftreten. Falls Sie den Kauf abhängig von einer positiven Antwort auf eine Kreditanfrage machen, bestehen Sie auf der detailierten Angabe der Kreditdaten, etwa 30 Jahre Laufzeit, fester Zinssatz nicht mehr als 7,25%, Kreditsumme mindestens $100.000 usw.

Empfohlene Angaben im offer

5. Inspection
Für die Kosten kommt der Käufer auf. Falls sich ein teurer Defekt findet, so ist die Reparatur Verkäufers Sache bzw. ein entsprechender Preisnachlaß angesagt. Falls sich der Verkäufer

weigert, dürfen Sie Ihr Angebot zurückziehen und erhalten Ihre Anzahlung zurück. Dieser Eintrag eignet sich fast immer zum Begründen des sogenannten Nachverhandelns.

6. Liquidated damages clause
Dieser Zusatz bestimmt, ob und wenn ja, wieviel der Käufer an den Verkäufer bezahlen muß im Fall, das er sich doch nicht zum Kauf durchringen kann, obwohl bereits unterschrieben ist und kein anderer legaler Ausweg aus dem Vertrag besteht.

7. Arbitration of disputes clause
Damit wird bereits im vornherein bestimmt, das im Streitfall zwischen den Parteien nicht ein öffentliches Gericht, sondern eine private Kommission, meistens die der Maklerorganisation »Recht spricht«. Naja, unterstellen möchte ich nichts, aber das riecht nicht gerade nach der puren Neutralität, oder? Ich würde mich nicht darauf einlassen. Es ist auch kein Vorteil für Sie zu erkennen, warum Sie sich schon zum jetzigen Zeitpunkt darauf festlegen sollten.

8. All-inclusive weasel clause
Obwohl ein schriftlich festgelegter Kauf abhängig von dem Ergebnis einer Inspektion eigentlich ausreichende Absicherung darstellt, gibt es noch eine Steigerung. Mit einem Zusatz wie »This purchase offer is contingent upon buyer's attorney satisfactory inspection and approval of the purchase contract within 10 business days.« kann nichts mehr schiefgehen. Ihr Anwalt kann jederzeit sagen »njet«, und damit sind Sie befreit von jeder Verpflichtung. Das diese Formulierung nicht gerade gern von den Verkäufern gesehen wird und deshalb eventuell nicht einfach akzeptiert wird, ist klar.

9. Zeitlimit für die Verkäufer-Entscheidung nach Ihrem Angebot.
Geben Sie dem Verkäufer nur eine kurzen Zeitraum, um ihr Angebot zu akzeptieren oder abzulehnen. 24 Stunden sind normalerweise ausreichend. Jede Zugabe, die ihm mehr Zeit läßt, sperrt Ihr Geld und erlaubt ihm, einfach zu schauen, ob sich noch was bess'res findet.

Nachdem das offizielle offer vom Verkäufer durch seine Unterschrift akzeptiert wurde, ist es rechtskräftig. Mit auch nur einem einzigen Dollar als Anzahlung entgegengenommen, darf der Verkäufer für die Gültigkeitsdauer des Offers nicht mehr an einen anderen verkaufen, auch nicht falls der mehr bietet. Ein offer wird auch als »purchase and sale agreement« bezeichnet. Normalerweise sollte die Anzahlung in ein sogenanntes escrow Konto eingezahlt werden, um beide Seiten vor Mißbrauch zu schützen. Aus Käufersicht sollte also ausdrücklich und klar geregelt sein, das Sie Ihre Anzahlung zurückerhalten, falls... Dieses »falls« hängt von ihren Interessen ab. Falls noch nicht geschehen, ist jetzt die Zeit gekommen, einen inspector zu beauftragen. Und wie schon gesagt - der offertext sollte Regelungen enthalten, wie bei der Entdeckung von Mängeln verfahren wird.

Nach dem Offer

Falls Sie direkt mit dem Besitzer dealen, ist jetzt bereits klar, das er das offer akzeptiert hat und sie verfahren weiter wie beschrieben. Haben Sie nur mit einem Makler zu tun, der das Haus im Auftrag verkauft, so muß dieser das schriftliche offer erstmal dem Hauseigentümer vorlegen und dessen Antwort an Sie weiterleiten. Langes Warten sollten Sie trotzdem nicht akzeptieren. Deshalb ist es wichtig eine nur kurze Gültigkeitsdauer des offers zu vereinbaren. Jedenfalls kann die Antwort des Besitzers in Zustimmung, Ablehnung oder in einem Gegenangebot (counter offer) bestehen. Falls das letzte der Fall ist, sollten Sie bei ausreichend Interesse am Objekt ein erneutes Gegenangebot machen. Aber das sollte das letzte sein. Nachdem der Termin für das closing (siehe unten) feststeht, möchte ich Ihnen nocheinmal einen Durchsichtstermin des Hauses ganz kurz davor empfehlen. Trau, schau, wem.

Ihr Angebot wurde angenommen - Der Abschluß. (Closing)

Rein technisch gesehen ist der Erwerb eines Hauses nichts anderes als der Austausch von einem Batzen Geld gegen die Eigentumsrechte und Schlüssel eines Gebäudes. Wie immer sieht die Wirklichkeit etwas weniger einfach aus. Mit closing wird der formelle Verkauf bezeichnet, also der konkrete Zeitpunkt, an dem die Eigentumsrechte an Gebäude und Geld auf die jeweils andere Person übergehen. Dazu gehören der deed transfer (Eigentumsurkunde), Kreditanträge, Versicherungspolicen usw. usw.

Das closing findet normalerweise in einen Anwaltsbüro oder bei einer title Firma statt, und alle Parteien sind dann präsent. Einen Grundbucheintrag im deutschen Sinne gibt es nicht. Es existieren Archive in den Landkreisen, die Kopien der

Verkaufsurkunden halten. Doch diese Archive besitzen lediglich Informationscharacter, keine Rechtskraft. Jeder der Beteiligten, Käufer, Verkäufer und Kreditgeber, muß sich gegen alle denkbaren Risiken so gut als möglich absichern. Daraus folgt eine Unmenge an Papierkram, und von vielen der Dokumente hat der durchschnittliche Käufer bisher weder etwas gesehen noch gehört. Es folgt eine Liste der wichtigsten (unter Umständen nicht vollständig, weil es von county zu county unterschiedliche Bestimmungen geben kann):

- ***The good-faith estimate***...ist die Schätzung der Gesamtkosten des deals incl. Gutachter, Steuern, Gebühren etc.
- ***The settlement statement***...ist die endgültige Gesamtrechnung, die meistens nicht früher als wenige Tage vor dem closing Datum vorliegt. Außerdem werden nocheinmal alle Vereinbarungen zusammengefasst. Manche Kosten variieren ein wenig, aber im allgemeinen sollte es keine Überraschungen geben.
- ***Title insurance***...schützt den Kreditgeber (lenders title insurance) und je nach Konstellation den Käufer (owners title insurance, weil der Käufer ja gleich Besitzer ist) davor, das nach dem Bezahlen Probleme mit der wirklichen Eigentümerschaft auftauchen. Etwa durch nicht bekannte Kredite, denen die Immobilie als Sicherheit zugrunde liegt oder darauf lastende Steuerschulden oder sonstige Rechtsmängel im Grundbesitz. Die Einmalprämie für diese Art von Versicherung ist staatlich festgelegt und beträgt 0,575 % des Kaufpreises, sofern dieser $100.000 nicht übersteigt.

Tip
Bei der gleichzeitigen Bestellung für Kreditgeber und Käufer wird die Prämie nur einmal fällig!

Für teurere Häuser beträgt die Prämie 0,5, 0,3 und 0,225 %. Der letztgenannte Prozentsatz gilt übrigens für »Häuser« mit einem Kaufpreis von über 10 Millionen Dollar. Allein aus der Tatsache, das sie angeboten wird, kann man einige Grundrisse in Kalifornien ungefähr ableiten.

Wohlgemerkt - diese Versicherung kann nicht verhindern, das Ihnen das Haus trotz ordnungsgemäßer Bezahlung eventuell gar nicht gehört. Die Versicherung erstattet Ihnen in diesem Fall aber den gesamten Kaufpreis. Das jeweilige County bestimmt, wer für die Zahlung der Prämie verantwortlich ist. Verpflichtet zum Kauf einer entsprechenden Absicherung sind Sie übrigens nicht. Aber kein Mensch mit Erfahrung kauft ein Haus ohne.

- ***The abstract of title***...listet die Vergangenheit der Immobilie, die Eigentumsverhältnis betreffend. Dazu gehört lückenloser Eigentümernachweis, Urkundenausfertigungen, Gerichtseintragungen etc. Der Hauptzweck des abstract of title besteht darin nachzuweisen, das der Verkäufer berechtigt ist zu verkaufen und keine Belastungen auf der Immobilie liegen.
- ***The deed***...ist der offizielle Eigentumsübertrag der Privatparteien (im Gegensatz zum title, der die Eigentumsbestätigung durch den Staat ist).
- ***The uniform statement***...ist die per Bundesgesetz us-weit einheitliche Kaufbestätigung.

Wenn alles wie geplant gelaufen ist, gehört das Haus jetzt ganz offiziell Ihnen. Die Summe der Nebenkosten für Gebühren, Gutachten, Steuern etc. belaufen sich auf ca. $3000 bis $5000 je $100.000 Kreditsumme.

Einen Anwalt beauftragen? (Attorney)

Die Gesetze verpflichten Sie nicht, einen Anwalt für einen Hauskauf zu beschäftigen. Doch ich empfehle Ihnen auf jedem Fall, bei Immobilientransaktionen jeder Art einen Anwalt Ihrer Wahl als persönlich abgeschlossene Versicherung einzusetzen. Nicht nur wegen der teils erheblich unterschiedlichen Dokumente, sondern auch wegen der Mentalitätsdifferenzen und Ihnen zunächst unbekannten Gepflogenheiten. Es gibt mittlerweile auch mehrere deutsche und deutschsprechende Anwälte in Kalifornien, so das die Sprachbarriere keine mehr sein muß. Über die Honorare ist schwierig Auskunft zu geben, denn hier ist jeder Anwalt im Gegensatz zum verregelten Deutschland völlig frei in seiner Liquidation. Außerdem kommt es auf den Arbeitsaufwand an, den Sie ihm/ihr bereiten. Vielleicht sollten Sie versuchen, einen Pauschalpreis auszuhandeln, manchmal klappts.

Was kann der Anwalt nun für Sie tun? Zunächst einmal wird er dafür sorgen, das die Formulierung des Kaufvertrages hieb- und stichfest ist. Falls dem nicht so ist, sollte er Sie vor dem Unterzeichnen darauf aufmerksam machen.

Ein Anwalt wird außerdem als kompetenter Mittelsmann zwischen Kreditgeber und Kreditnehmer stehen. Das stärkt Ihre Position wesentlich, falls Sie auf Kredit kaufen. Er wird dann -und das ist meiner persönlichen Meinung nach die wichtigste Funktion- das closing überwachen. Closing bedeutet wie gerade oben beschrieben, abschliesend alle notwendigen Papieraktionen soweit zur Unterzeichnung zu bringen, das Sie ab sofort der neue rechtmäßige Besitzer sind. Dazu zählen Kreditverträge, title Kontrollen und Antrag, Verzichtserklärungen, Rechnungen etc.
Und schließlich, wollen wir hoffen last and least, er hilft im Streitfall. Wenn ein Streitfall entsteht, dann so gut wie immer nach Unterzeichnen und Bezahlen. Es geht also um ihr Geld. Wenn etwa der Verkäufer sich nicht an die Abmachungen hinsichtlich der inspection halten will oder Meinungsverschiedenheiten über den Umfang der Nebenleistungen auftreten, kann schon die pure Tatsache, überhaupt durch Anwalt vertreten zu sein, erstaunlich weiterhelfen.

Das Escrow Konto (escrow account)
Dieser komische Name bezeichnet ein spezielles Konto, das bei der Kreditvergabe eröffnet wird (ein escrow wird auch für die Hinterlegung der Anzahlung verwendet, aber darum geht es hier nicht).
Das Geld darin deckt die ungefähren Steuern und Versicherungsprämien für Ihr zukünftiges Haus. Damit ist die Zahlung derselben gewährleistet. Diese Einrichtung schützt den Kreditgeber, nicht Sie. Zinsen werden Ihnen oft überhaupt nicht gezahlt. Falls Sie beabsichtigen, Ihr Haus bar zu bezahlen, dürfen sie beruhigt unten weiterlesen. Wenn ich jetzt noch tiefer einsteige, verwirre ich Sie voll und ganz. Ein Gesetz sagt zum Beispiel, das in einem Monat pro Jahr das Guthaben dieses Kontos ein Sechstel der gesamten Versicherungs- und Steuersumme nicht überschreiten darf. Fragen? Lieber nicht. Versuchen Sie am besten, dieses Konto völlig zu umgehen. Sie wissen ja, alles ist Verhandlungssache. Falls Sie nicht drumrum kommen und glauben, das Sie zuviel bezahlen, wenden Sie sich direkt an das Büro des Generalstaatsanwaltes. Klingt schon wieder ziemlich verrückt, ich weiß. Ist aber von der Regierung selbst so empfohlen. Tatsächlich gibt es Bedingungen, die bei Erfüllung nicht weiter zu escrow Einzahlungen verpflichten. Zum Beispiel dann, wenn Sie bereits 20% der

Kreditsumme zurückgezahlt haben und niemals mit den Zahlung in Verzug gerieten. Oder dann, wenn Sie beim Kauf mehr als 20% bar bezahlten und bisher nicht in Zahlungsverzug gerieten.

Versicherungen

Spätestens sobald Sie rechtmäßiger Eigentümer einer Immobilie geworden sind, erwacht der dringende Wunsch, das Eigentum vor allen möglichen Widrigkeiten des Lebens zu schützen. Es gibt - natürlich - eine Unzahl von Versicherungen und Versicherungsunternehmen.

Da wäre zum Beispiel die gängigste, die homeowner's insurance. Die gehört zu den von den Kreditgebern geforderten. Es handelt sich um eine Sachschadensversicherung, die das Haus, die Einrichtung und das Grundstück abdeckt gegen Beschädigung oder Zerstörung durch Feuer, Hurricane und anderen spannenden Ereignissen, nicht jedoch denen durch Überflutung. Eine Versicherung gegen Überflutung wird durch die Bundesregierung unter dem National Flood Insurance Program (NFIP) angeboten. Selbstverständlich werden diese Versicherungen über private Versicherungsmakler verkauft. Sie müssen also nicht von Behörden-Hinz zu Regierungs-Kunz rennen.

Erdbebenversicherungen sind sehr populär in Kalifornien. Die Beiträge liegen bei ca. 0,2% des Immobilienwertes per annum bei 10% Selbstbeteiligung.

Dann gibts die Private Mortgage Insurance. Die PMI gehört auch zu den von den Kreditgebern geforderten, falls weniger als 20% Ihres ureigenen Geldes im Haus steckt. Die stellt sicher, das der Kreditgeber auf jeden Fall sein Geld erhält. Auch dann, wenn Sie pleite gehen oder aus sonst irgendeinem Grund nicht zahlen.

Buyers title insurance hatten wir oben schon. Weil sie so wichtig ist, nocheinmal: Sie schützt den Käufer davor, falls irgendwann nach dem Bezahlen Probleme mit der wirklichen Eigentümerschaft auftauchen. Etwa durch nicht bekannte Kredite, denen die Immobilie als Sicherheit zugrundeliegt. Die Einmalprämie für diese Art von Versicherung ist staatlich festgelegt und beträgt 0,575 oder 0,50 % des Kaufpreises, je nach der Höhe desselben.

Finanzierung
Einen Kredit kann in Amerika jeder bekommen, auch ein nicht ansässiger Ausländer. Es bleiben bloß die Fragen: Wer, Wo, Wie? Also ist schon wieder ein bißchen Detektivarbeit angesagt. Eine gute, hilfreiche Informationsquelle können Immobilienmakler sein, weil die ja zu einem Kaufabschluß kommen möchten. Banken, die zahlreichen Kreditgeber (mortgage lender) und die Finanzmakler (mortgage broker) sind an internationales Publikum gewöhnt. Falls Sie also nicht nur für Ihren Eigenbedarf einen Kauf in Betracht ziehen, kann es durchaus interessant sein, mit OPM (Others People Money) zu arbeiten. Aber auch sonst hat zumindest die Beantragung Vorteile. Weil der Geldgeber genau das gleiche Interesse am Haus hat wie Sie, ermittelt die Bank meistens den tatsächlichen Wert der Immobilie. Dazu gehören neben dem Marktwert auch der Erhaltungszustand, Baugesetzbeachtungen, Termitenbefall usw. Von daher kann es lohnend sein, einen Kredit zu beantragen.
Die Angebote sind an Verschiedenheit nicht zu übertreffen. Falls Sie in Betracht ziehen, einen Kredit zu benutzen UND das wirklich allerallerbeste Angebot zu finden, dann sollten Sie etwas von einem Mathematiker mitbringen. Zum Beispiel gibt es das Wortspiel mit den Punkten (points). Punkte sind in Wirklichkeit Prozentpunkte der Kreditsumme, die Ihnen berechnet werden. Manche Geldgeber bieten Punkte für einen Nachlaß in der Zinsrate an, manche nicht. Nur der Taschenrechner hilft. Sodann gibt es natürlich verschiedene Laufzeiten, feste und variable Zinssätze und vieles mehr.
Oft dreht sich alles um das Down Payment, die Baranzahlung, die Sie leisten, denn die bestimmt ja zusammen mit dem Kaufpreis wie hoch die Kreditsumme sein muß. 10 bis 20% werden als normal angesehen, bis zu 5% hinunter geht es ohne größeren Aufwand. Falls Sie die Immobilie mit 0% Anzahlung erwerben möchten, so geht auch das. Einige Bedingungen müssen jedoch erfüllt werden. Unter anderem wird dann auf einer mortgage insurance bestanden. Die bezahlt den Kredit, wenn Sie ausfallen. Die Versicherung bezahlen Sie.

Steuer
Nachdem alles soweit abgeschlossen ist, sollten Sie oder ihr Anwalt baldmöglichst den deed bei den örtlichen Behörden

eintragen lassen. Falls Sie das in dem Jahr(!) tun, in dem der Kauf stattfand, gibt Ihnen der Staat eine Kaufpreisermässigung (homestead exemption) von $25.000 für die Steuerberechnung. Was sehen wir daraus? Die Amis sind, hm, etwas nachlässig im Ummelden. Na gut, wir wollen nicht untertreiben. Sie sind sehr nachlässig. Wie sympathischerweise mit allem (mir zumindest), was irgendwie mit staatlich geforderter Pflicht zu tun hat. Deshalb wurde als Anreiz eine Belohnung geschaffen, und nicht etwa eine Strafe wie immer in bestimmten Ländern, die jetzt gar nicht genannt werden wollen.
Und wie hoch ist diese Steuer? Das ist extrem unterschiedlich. Unabhängigkeit und tiefe Regelabneigung von oben nach unten regiert auch hier. Jede Stadt bzw couty darf machen was sie will - und stellen Sie sich vor, sie tut es auch.

Nachdem alle Formalitäten erledigt sind
...geht es gedanklich an den Umzug. Ganz gleich, ob Sie nur periodisch oder für ganz umziehen, ich empfehle Ihnen nur die wenigsten Haushaltsgegenstände aus Europa mitzunehmen. Das hat mehrere Gründe. Zum einen kostet Umzugsgut Geld und alles, wirklich alles können Sie auch hier, oft wesentlich billiger, kaufen. Zum anderen passen viele Dinge nicht. Das beginnt bei der unterschiedlichen Spannung der Stromversorgung und endet nicht bei den verschiedenen Bettgrößen. Schließlich ist eine Wohnungseinrichtung in Amerika auch komplett, neu und relativ günstig zu haben. Die entsprechenden Firmen haben Komplettangebote vom Teppichlegen, Bilder incl. deren Aufhängen bis zur vollständigen Kücheneinrichtung ab ca. $15.000 im Programm.

5.6 Wohnen auf der eigenen Yacht

Diese wunderschöne Möglichkeit sein Leben zu leben, mag für viele europäische Ohren exotisch, abgehoben oder einfach nur unbezahlbar klingen. Dem ist ausdrücklich nicht so. Auch Sie, ja ich meine Sie, die Person die jetzt im Moment diese Zeilen liest, können das maritime Leben geniessen. Der einzige Unterschied zu »den Reichen« ist - Sie müssen wahrscheinlich irgendetwas anderes dafür aufgeben. Na, wenn das alles ist!
Kalifornien ist geradezu prädestiniert für diesen Lebensstil so

nah an der Natur und an der grenzenlosen Freiheit. Die wunderschöne Pazifikküste und die vielen Wasserzungen bieten ein tolles Panorama für Ihr Heim auf dem Wasser.
Deshalb ist diese Lebensart hier genauso normal wie alle anderen und wird durch die gute »maritime« Infrastruktur - es gibt wirklich sehr viele Marinas, mietbare Docks, Werkstätten, Schiffstankstellen, Restaurants mit eigenem Besucherdock und vieles mehr - nur gefördert. Und wissen Sie was? Es besteht nicht einmal eine Bootsführerscheinpflicht! Ganz egal, für welche Schiffsart, Bootsgröße oder Motorisierung Sie sich entscheiden - kein Führerschein erforderlich, solange Sie keine gewerblichen Touren mit Ihrer Yacht vorhaben.
Niemand schaut Sie komisch an, wenn Sie sagen »ich lebe auf der *MY Another Day In Paradise*«. Ganz im Gegenteil, Sie werden nur Bewunderung und teilhabende Freude ernten. Möglichkeiten, um Ihren maritimen Traum zu leben anstatt nur das Leben zu träumen gibt es genug. Auch hier haben Sie wieder die Qual der Wahl. Neben der prinzipiellen Unterscheidung zwischen Motoryacht und Segelyacht sollten Sie sich auch im klaren sein, ob es sich bei dem Erwerb um eine reine Wohnmöglichkeit ohne volle Seetüchtigkeit oder um ein fahrtüchtiges Schiff handeln soll. Wenn es Ihnen nur darum geht, eine originelle Eigentumswohnung ohne jede maritimen Ambitionen zu besitzen, werden Sie eine Motoryacht gegenüber einer Segelyacht vorzuziehen. Der Grund liegt einfach darin, das bei gleicher Rumpflänge eine Motoryacht erheblich mehr Raumangebot zu Verfügung stellt als ein Segler.

Günstige Schiffe

Nicht mehr seetüchtige, aber noch schwimmende Yachten können sehr billig sein. Schiffe mit Holzrümpfen jeder Bauart, fast immer ältere Semester, bekommen Sie in Kalifornien oft hinterhergeworfen. Keiner will sie. Das liegt daran, das Holzrümpfe im Vergleich zum beliebten Kunstoff einen riesigen (und teuren) Wartungsaufand fordert, falls die Erhaltung der Seetüchtigkeit das Ziel ist. Holzrümpfe sind daher sehr billig zu bekommen. So für $10.000, manchmal sogar noch weniger, können Sie eine 35-40 Fuß Motoryacht aus den 60er Jahren finden. Von Interesse ist in diesen Fällen natürlich nur noch die Inneneinrichtung und die voraussichtliche Dauer der Erhaltung der Schwimmfähigkeit. Der Zustand der Motoren und der sonstigen Marinetechnik kann Ihnen wurscht sein.

Wenn Sie ein bißchen Glück haben und vielleicht ein bißchen Geschick, dann ist es übrigens durchaus möglich, zu so einer älteren Wohnyacht völlig kostenlos zu kommen. Das funktioniert dann, wenn der/die Motor(en) noch in Schuß, eventuell sogar Diesel sind. Clevere Freizeitkapitäne kaufen dann so ein Schiff für ein Apfel, manchmal müßen sie noch ein Ei drauflegen, und verkaufen den/die Motor(en) zum gleichen Preis wie das ganze Boot weiter, wenn sowieso nur gewohnt werden soll.

Voll seetüchtig - und Ihnen!

Für mich persönlich ist das Leben auf der eigenen, funktionstüchtigen und seefesten Yacht das Größte. Egal ob Motor oder Segel. Wie ich finde, ein Leben, das jeder einmal ausprobiert haben sollte. Und danach darüber entscheiden: Aufwachen und in den blauen Himmel blicken. Zuhause dort nennen, wo es Ihnen am besten gefällt. Am Wochenende frei herum schippern. Sein eigener Herr sein. Das Fischdinner am Nachmittag vor der Küste selbst fangen. Sich die Nachbarn aussuchen können. Und so vieles mehr. Alles in allem - ein Traum! So teuer wie von Europa gewöhnt muss das alles gar nicht sein. Besonders wenn Sie ein handwerkliches Händchen haben und Ihren Traum nicht in Top condition kaufen. Abhängig von gewünschter Größe und Art geht es so bei, ich würde sagen $30.000 los, kann aber schnell in astronomische Höhen steigen.

Wo finden Sie nun die guten Angebote? Neben den Anzeigen in den örtlichen Tageszeitungen die Tradermagazine für Fotoanzeigen. Für den maritimen Bereich gibt es den *Sailboattrader*, *Yachttrader* und den *Boattrader*. Alle erscheinen jeden Freitag neu und kosten zwischen $2 und $4. Doch halt - das Geld können Sie sich sparen! Alle Magazinanzeigen finden Sie -kostenlos- auf dem Internet:

Sofort-Kontakt

http://www.traderonline.com/boat/search/index.shtml
http://www.adquest.com

Tip
Als First-time-Cäpt'n haben Sie möglicherweise ein kleines Problem zu entscheiden, ob der Preis für Ihr Traumschiff auch marktgerecht ist. Die »Schwackelisten« für den maritimen Bereich in USA heißen *NADA* und *BUC* Listing. Dort können Sie anhand von Hersteller, Modell, Baujahr und Austattung den gängigen Marktpreis nachschlagen. NADA wird gern von Einkäufern, BUC von Verkäufern verwendet... Viele öffentliche Bibliotheken und auch alle Yachtbroker haben mindestens ein Exemplar im Haus.
Eine andere Möglichkeit ist, sich einfach alle vergleichbaren Modelle in den USA (unter www.traderonline.com) anzeigen zu lassen. Dann sehen Sie sofort, ob sich »Ihr« Preis im unteren, mittleren oder oberen Bereich bewegt.

Der Kauf
Der Kauf an sich geht so ähnlich wie ein Autokauf vor sich. Sie schauen sich Ihr Schiff an und unterbreiten ein Angebot. Falls der Verkäufer es akzeptiert, wird das Angebot schriftlich festgehalten. Das Papier sollte einen Passus enthalten, der versichert, das Sie vom Kauf zurücktreten können oder aber ein Preisabschlag verhandelt wird, falls ein Gutachter (surveyor) wesentliche Mängel findet und/oder Sie mit der Testfahrt (dem seatrial) nicht zufrieden sind.
Für uns ungebräuchlich ist, das man oft eine Anzahlung von 10% erwartet, obwohl Sie zu diesem Zeitpunkt weder wissen, ob Sie wirklich kaufen möchten, noch, ob der Verkäufer Ihr Angebot überhaupt annimmt. Diese Anzahlung ist bei einem Broker (Makler-) kauf nahezu immer erforderlich, beim Kauf von Privat manchmal.
Für die Schiffsdokumente gibt es zwei Möglichkeiten, wenn man mal davon ausgeht, das das Schiff in den USA registriert ist. Entweder ist Ihre neue Liebe »documented« oder »titled«. Titled bedeutet, es existiert ein certificate of title, genau wie für Auto oder Haus. Ausgefertigt vom Staat Kalifornien oder von jedem anderen US-Bundesstaat. Das hat den Vorteil, das sie sofort sehen können, ob das Schiff mit einem Kredit belastet ist. Dieser wird nämlich in den title eingetragen. Oder der title wird sogar vom Geldgeber einbehalten.
Documented bedeutet, das das Schiff bei der amerikanischen Küstenwache nach internationalem Recht registriert ist. Das steht ranglich über dem Bundesstaatrecht und kann bei Einlaufen in ausländische Häfen zeitsparend sein. Allerdings - ein Nicht-US-Resident darf sein Boot nicht bei der Coast Guard registrieren. Auch wenn der Schiffseigentümer eine Firma ist

(dazu kommen wir weiter unten), muß diese Firma mehrheitlich (>50%) Amerikanern oder legalen Residents gehören. Als Nicht-GreenCard Inhaber bleibt Ihnen nur die Title-Registrierung in einem US-Bundesstaat oder die Registrierung in einer anderen Nation.

Tip
Es kann Vorteile bringen, Ihr Schiff nicht in Kalifornien zu registrieren und/oder eine Firma zu gründen, deren einziger Besitz aus dem Schiff besteht. Die Vorteile bestehen aus möglicher Steuerersparnis (Salestax in Kalifornien: 7,25%) und vermindertem Betriebsrisiko. Ein vorteilhafter Staat zur Anmeldung ist Delaware. Salestax 0%, Property tax 0%. Eine Firma, die sich auf diesen Service spezialisiert hat ist die
Delaware Registry Ltd., 3511 Silverside Road, #105, Wilmington, DE 19810, Fax 302-477-9811, Email corp@delreg.com, WWW: http://delreg.com. Wenn Sie gut Englisch können und sich vor ein paar Formularen nicht scheuen, dann können Sie die komplette Anmeldung auch selbst erledigen und ungefähr 35% sparen.

Alles in allem bleibt zu sagen, das es wunderbare Schiffsdeals in Amerika gibt, die manche Preise in anderen Ländern nach reinem Wucher aussehen lassen. Trotzdem oder gerade deswegen rate ich Ihnen zu einer netten Portion Aufmerksamkeit und Mißtrauen. Es ist schon vorgekommen, das der Jahrhundertdeal in cash direkt am Dock geschlossen wurde. Der Verkäufer verschwand schnell, und der Käufer freute sich über das tolle Geschäft - bis der wirkliche Besitzer auftauchte!

Das Dock und die Unterhaltskosten
Für den Fall, das Sie kein Dock besitzen (die kann man einzeln kaufen, sind aber mit > $20000 relativ teuer) oder Ihnen ein Freund eines umsonst oder sehr günstig zu Verfügung stellt, kann die Dockmiete, abhängig von Ihren Wünschen, den größten Posten in Ihrer Kalkulation ausmachen. Angebote gibt es zahlreich, aber nachfragende Yachten eben auch. Die Dockmieten variieren sehr:

$100/Monat	Nordkalifornien, 30 Fuß Rumpf, Standarddock
bis	
$800/Monat	Südkalifornien, 45 Fuß Rumpf, Dock mit

Pool, Barbecue etc.

Für größere Schiffe wird es ganz schnell ganz wesentlich teurer. In den Preisen sind oft die Wasser- und Stromkosten mit eingeschlossen. Die Anmietung eines solchen Docks ist sehr unkompliziert und innerhalb weniger Minuten erledigt. Oft liegt neben Wasser und Strom auch Kabel (Fernsehen) und Telefonanschluß am Ende des Steges. Wenn nicht, erfolgt die Installation nach Ihrer Bestellung innerhalb zwei bis drei Tagen. Dann gibt es noch den Trockenplatz. Da wird Ihr Schiff aus dem Wasser geholt und auf Land gestellt. Die Kosten dafür betragen $100..$500/Monat. Manche Überwinterer entscheiden sich regelmässig alle 6 Monate für die trockene Lösung.
Und schließlich - Freies Ankern ist natürlich kostenlos. Entbehren müssen Sie in vielen Fällen nichts, weil die Schiffe üblicherweise mit Generator und allen anderen Bequemlichkeiten ausgestattet sind. Doch einigen Menschen, die regelmässig an Land wollen, gefällt es trotzdem nicht, jeden Morgen ins Schlauchboot steigen zu müssen.

Tip
Nur für die gaaanz kleine ... eigentlich gar nicht wahrscheinliche ... Möglichkeit ...das Sie jetzt irgendwie...schon immer fanden, das man neuen Ideen ganz aufgeschlossen gegenüberstehen sollte: Wir könnten ja mal mit dem kleinen Kapitänspatent beginnen, hm? Unter

Sofort-Kontakt

http://www.boatus.com/onlinecourse

finden Sie einen kompletten Kurs, der vom Inhalt dem deutschen bzw. jedem Bootsschein entspricht, weil die Regeln zu 95% international koordiniert sind. Bei dem schön gemachten Frage- und Antwortspiel werden Sie nach jeder Antwort sofort informiert, ob Sie richtig oder falsch gelegen haben. Als absoluter Neuling werden Sie keine Chance haben zu bestehen, deshalb werden die Quellen gleich mitgeliefert. Es ist wirklich schön gemacht. Bei Erfolg wird Ihnen sogar ein Zertifikat ausgestellt und zugesandt (die Auskunft, ob es auch nach Europa geschickt wird, war zum Redaktionsschluss nicht eingetroffen). Selbstverständlich ist der Kurs kostenfrei.

6.0 Ride your dream - Autokauf

Mit insgesamt über 26 Millionen registrierten Kraftfahrzeugen in 1998, gezählt sind PKWs, Motorräder und LKWs, ist Kalifornien mit seinen ca. 32 Millionen Einwohnern nicht gerade untermotorisiert. Und dafür gibt es natürlich einen Grund, der nicht nur in den im Vergleich zu Europa geringen Fahrkosten liegt.

Denken Sie bitte nicht »Ach, das bißchen Einkaufen/Anschauen mache ich zu Fuß oder mit Fahrrad.« Es ist u n m ö g l i c h! Ganz gleich ob Sie als Tourist, Langzeitbesucher oder Immigrant einreisen - die Hundertausende von Meilen von Kalifornien-Straßen verlangen nach einen KRAFTfahrzeug. Sie kommen nicht drumherum, wenn Sie nicht gerade zum Extremismus neigen. Dazu sind die Distanzen einfach zu groß, die Ziele zu weitläufig und der öffentliche Verkehr zu wenig ausgebaut.

Als Kurzzeittourist, sagen wir bis zu einigen Wochen Aufenthalt, wird ein Mietwagen die beste Wahl sein. Aber schon bei etwas längerer Dauer -und für Einwanderer sowieso- lohnt es sich, über mobiles Eigentum nachzudenken. Ob Sie auf dem Gebrauchtwagenmarkt zuschlagen möchten oder ob es ein Neuer sein soll müssen Sie selbst entscheiden. Das wird ja nicht zuletzt von Ihren persönlichen Umständen abhängen. Wie so ein Einkauf vor sich geht und was dabei zu beachten ist, das finden Sie in diesem Kapitel.

Für die weitaus meisten Leser wird wahrscheinlich ein PKW die richtige Wahl sein. Die Anzahl der Angebote, sowohl neu als auch gebraucht, ist riesig. Doch auch der Markt für stärker ausgeprägte Individualisten läßt nahezu keine Wünsche offen. Sie finden, ebenfalls neu und gebraucht, Kleinbusse, Großbusse, Wohnmobile und Motorräder in großer Zahl. In den USA, dem größten Autoland der Welt, ist die Fahrzeugdichte pro Einwohner natürlich groß. Doch außer in Ballungszentren fällt das gar nicht sehr auf, da immer viel Fläche zu Verfügung steht. Und ein angenehmes, ruhiges Flair der allermeisten amerikanischen

Autofahrer eine entspannte Ruhe im Verkehr aufkommen läßt. Wie gesagt, in großen Städten und deren Umgebung kann es etwas anders ausschauen. Da tritt schon mal fast europäisches Verkehrsverhalten wie hektisches Hupen oder entnervtes Fluchen hinter dem Steuer auf. Schade.
Etwas ungewohnt für Europäer ist zunächst das Straßenbild. Die deutschen Marken wie Porsche, Mercedes, BMW und Volkswagen gelten hier als exclusiv und sind teuer - gemessen an den anderen US-Autopreisen. Ein New Beetle zum Beispiel ist aber immer noch so um die 20% billiger als in Deutschland. Alle Euromobile besitzen das Renommee' als sehr zuverlässige, sparsame und leistungsstarke Autos. Im Statusdenken der ansonsten eher patriotisch handelnden Amerikaner sind diese Fabrikate deshalb ganz hoch angesiedelt - und zwar noch oberhalb den einheimischen Luxusmarken Cadillac und Lincoln. Beherrscht wird das Kalifornien Straßenbild von amerikanischen Fabrikaten - und allen möglichen japanischen Herstellern. Viele japanische Modelle machten es nie nach Europa und werden Ihnen daher unbekannt sein. Beliebt und dementsprechend häufig im Straßenbild zu finden sind auch die sogenannten Pickups (PKW-Größe oder leicht darüber, zweisitzige Fahrerkabine mit daran anschließender offener Ladefläche) und die Vans (Kleinbusse, oft luxuriös ausgestattet). Die Amerikaner ziehen den Otto-Motor (=Benzinmotor) dem Dieselmotor vor. Tatsächlich ist Dieselkraftstoff an vielen Tankstellen sogar etwas teurer als Normalbenzin. Anfang 1999 kostete die Gallone (3,8l) Normalbenzin in Kalifornien ca. $1,40. Damit beträgt der Literpreis ca. 66 Pfennige. Und Einstein hat Recht: Alles ist relativ. Die aus Europa-Sicht so billigen Benzinpreise in Kalifornien sind sauteuer - sagen die Amerikaner. Weil zum Beispiel in Georgia oder Tennessee der Sprit um bis zu 40% billiger ist als in Kalifornien.
Und die amerikanische Regierung wacht darüber. Nämlich darüber, das die Benzinpreise nicht zu hoch liegen. Unter anderem würde das sonst als freiheitsfeindlich angesehen. Nicht leicht vorstellbar für manche europäische Ohren: Als im Jahr 1995 aufgrund von normalen Marktschwankungen der Benzinpreis in den USA nach Regierungsmeinung temporär zu stark anzog (es ging um Preise in der Größenordnung von $1,35 im US-Durchschnitt), entschied Präsident Bill Clinton

per Dekret, die nationalen Reserven der USA kurzfristig auf den Markt zu werfen, um durch das dann vorhandene Überschußangebot die Preise zum Fallen zu bringen. Nun, es hat funktioniert. Und in 1999 liegt die gleiche Massnahme bereits wieder zur Diskussion vor.
Man kann darüber denken wie man möchte, doch eines sehe ich als meine Pflicht an: Offene und unverfälschte Informationen zu liefern. Die folgende Mitteilung wurde meines Wissens nach in ganz Deutschland nicht veröffentlicht: Neue Zürcher Zeitung (die F.A.Z. der Schweiz) vom 30.12.1998: „Das Jahr 1998 war genauso warm wie das Jahr 1961...“

Zustand und Preise

Hier ist ein wenig Umgewöhnung angesagt. Zum einen sind die Preise für Amerikaner und Japaner günstiger als gewohnt. Zum anderen wird ein Auto in Kalifornien benutzt und nicht gehätschelt. Ausnahmen gibt es.
Interessant ist auch, das in Europa die Bürgermeinung seit Jahrzehnten davon ausgeht, das ein Auto, das die 100.000 km Grenze überschritten hat, mehr oder weniger zum alten Eisen gehört. Oder zumindest seine besten Tage hinter sich hat. In Kalifornien glaubt man ganz genauso an diese magische 100.000er Grenze - bloß hier sind es plötzlich Meilen. Also 160.000km. Für die gleichen Autos.
Bei einem Gebrauchtwagenkauf sollten Sie sich darauf einrichten, das Ihnen auch Fahrzeuge, die bei uns eindeutig auf dem Schrottplatz Ihr letztes Zuhause fänden, zum Kauf angeboten werden. Obwohl es auch billiger geht, sollten Sie mit mindestens $3000 anfangen. Dafür erhalten Sie einen zuverlässigen, nicht zu altes Fahrzeug, vielleicht als station wagon (Kombi), der gerade in der Anfangszeit sehr hilfreich sein kann. Neuere und teurere Autos gibt es wie Sand am Meer. Kleinere Beschädigungen durch unaufmerksames Türöffnen des Nachbars auf Supermarkt-Parkplätzen etc. aber auch. Ob es Ihnen Freude macht, auf einer teuren, metallic-lackierten Karosserie jede Woche neue kleine Beulen und Kratzer zu begutachten, müßen Sie selbst beurteilen.

Ersatzteilversorgung

Die Ersatzteilversorgung erreicht oder übertrifft den gewohnten

Standard aus Europa. Sie finden mehr als genügend Händler und Zulieferer. Nicht unbedingt teurer als gewohnt muß die Versorgung von europäischen Modelle werden, besonders, wenn Sie sich nicht an die Markenhändler und Originalersatzteile gebunden fühlen. Wartezeiten für Ersatzteile sind im großen und ganzen unbekannt. Überraschenderweise werden Sie sogar häufiger als von zuhause gewohnt mit Austauschangeboten für Verschleißteile konfrontiert. Für Lichtmaschinen, Wasserpumpen, Antriebswellen etc. aber sogar auch für Batterien werden Ihnen überholte (reconditioned) Produkte im Austausch für Ihr altes Teil angeboten.
Als cleverer Kunde hat man gut lachen, denn die freie Marktwirtschaft mit ihrer wichtigen Wettbewerbsfunktion läuft wie geschmiert. Nahezu jedes Geschäft ist bereit, Ihnen einen Artikel zum Preis des Konkurrenten zu verkaufen, wenn Sie dessen Preis durch Zeitungsanzeige etc. belegen können. Als einmal neue Reifen fällig waren, bekam ich bei SEARS Automotive ein Angebot über $110. Wohlgemerkt - für alle vier incl. Montage und Auswuchten. Bevor es losging, sah ich eine Pinwand mit Anzeigen der Konkurrenten. Die hängt da, um den Kunden zu beweisen, wie günstig SEARS-Preise sind. Ein Konkurrenzangebot davon lautete auf $15 pro Rad für zufällig genau die richtige Größe. Mein Hinweis darauf genügte und SEARS berechnete mir $65 (= 4 x $15 plus taxes) anstatt $110! Nochmal: Alle vier, inclusive everything!

6.1 Die Kraftfahrzeug-Papiere

Die Kraftfahrzeugpapiere unterscheiden sich ein wenig von den gewohnten europäischen. Es gibt derer zwei oder drei, je nachdem wo Sie Ihr Fahrzeug anmelden.

Certificate of Title
Zu jedem Fahrzeug (auch Schiff, Flugzeug, Haus) gehört ein »Certificate of title« kurz title. Das ist die Besitzurkunde, aber nur in etwa vergleichbar ist mit dem deutschen Kraftfahrzeugbrief. Nur etwas vergleichbar, weil dieser title neben der Fahrgestellnummer und dem Baujahr so gut wie keine technischen Daten enthält. Leistung, also die PS bzw.

KW-Angabe ist den Amerikanern völlig fremd. Hauptsächlich dient der title dem Eigentumsnachweis, er muß nicht mitgeführt werden. Und weil das Hauptaugenmerk auf »Eigentumsnachweis« liegt und in den USA immer alles ein bißchen anders funktioniert, enthält der title auch den Eintrag über einen eventuellen Kredit, für den das Fahrzeug die Sicherheit darstellt. Also - Augen auf beim Kaufen. Ein weiterer Unterschied zum bekannten Kraftfahrzeugbrief besteht darin, das der Kilometerstand zum Transferdatum enthalten ist.
Falls Sie Ihr Fahrzeug einmal verkaufen, erhält der Käufer nach Bezahlung den von Ihnen unterschriebenen title und wird damit rechtmäßiger Eigentümer. Für die Eigentumsfrage spielt es keine Rolle, welcher Name im title eingetragen ist. Der physische Besitz (des titles) zählt. Deshalb sind die Amis auch einigermaßen komisch im Umgang mit den titles. Falls Sie weiter weg wohnen und sich zum Beispiel eine Kopie des titles eines Autos oder Boots einfach zur Vorabinfo schicken oder faxen lassen wollen, werden Sie oft wenig Erfolg haben, weil der Verkäufer fürchtet, damit bereits einen Eigentumsübertrag vorzunehmen, ohne den Kaufpreis kassiert zu haben.
Wie dem auch sei, laut Gesetz (das in den USA oft als Empfehlung denn als todernster Befehl des Staates betrachtet wird) ist der neue Besitzer innerhalb einer Frist von 10 Tagen zur Anmeldung verpflichtet. Dies wird aber gern und oft verzögert, manchmal sogar bis zum späteren Weiterverkauf. Die Absicht dabei lautet sparen, und zwar die Salestax und die Gebühren, die bei der Ummeldung fällig werden. Nach Ausstellung behält der Title seine Gültigkeit bis sich die Eigentumsverhältnisse ändern.

Die registration

Bei der registration, der Zulassung, handelt es sich um einen einfachen Computerausdruck, der Ihnen bei der Zulassung ausgehändigt wird (entspricht ungefähr dem Kfz-Schein und sollte mitgeführt werden). Die registration ist jeweils ein Jahr gültig und immer an Ihrem Geburtstag fällig.

Die emission

Kalifornien hat von allen US-Bundesstaaten die strengsten Abgasvorschriften. Eine meist zweijährliche Abgasuntersuchung ist Pflicht. Dieses »Abgaszertifikat« muß bei der Zulassungserneuerung vorgelegt werden.

Die An/Ummeldung

Möglicherweise wird Ihnen während des Procederes des Autokaufs erstmalig bewußt, wie schön unkompliziert und unbürokratisch es eben auch gehen kann. Melden Sie erstmals ein Fahrzeug in Kalifornien an, bekommen Sie ein Kennzeichen zugeteilt (eine sechsstellige wirre Buchstaben- und Zahlenkombination, z.B. UNL33M), das personenbezogen ist und Ihr Eigentum auch bei Fahrzeugwechsel bleibt. Vergessen Sie deshalb bitte nicht, Ihr Kennzeichen beim Fahrzeug-Verkauf abzuschrauben und zu behalten. Geben Sie es auch nicht her aus Hilfsbereitschaft unter dem Versprechen, das Sie es gleich morgen zurückbekommen. Das Risiko ist einfach zu hoch, das damit Unsinn passiert.

Viele registration agencies bieten Ihnen das Zulassen oder das jährlich fällige Erneuern der Zulassung Ihres Fahrzeuges gegen eine relativ geringe Gebühr an. Falls Sie es selbst erledigen wollen, benötigen Sie Kaufvertrag, title des Vorbesitzers (muß von ihm unterschrieben sein), neue emission, Versicherungsbestätigung und einen Führerschein oder eine sonstige Form der ID. Die Zulassung händigt Ihnen direkt die Kennzeichen (im Unterschied zu z.B. Arizona oder Florida trägt man hier vorn und hinten) aus und berechnet auch die 7,25% Salestax gleich mit, falls es sich um einen Gebrauchtwagenkauf handelt. Bitte dran denken: In fast allen US-Bundesstaaten wird die „Mehrwertsteuer“ auch bei Gebrauchkäufen von privat fällig!

Falls es sich um Ihr erstes Kennzeichen in Kalifornien handelt, kostet das einmalig $100. Besitzt das Fahrzeug einen title aus einem anderen Staat, etwa New York oder California, werden Sie gebeten, die Fahrgestellnummer beglaubigen zu lassen. Lustig, denn die Beglaubigung vollzieht ein anderer gegen eine geringe Gebühr ohne sich das Fahrzeug oder eine Datei im Rechner überhaupt anzuschauen. Naja, was solls. Der title, das wichtigste Dokument erhalten Sie nach ca. 2 Wochen per Post. An Verwaltungsgebühren fallen etwa $20 an, die Ausfertigung des neuen titles kostet ca. $30. Fertig.

Neben der dargestellten Kennzeichenvergabe existiert noch eine andere Möglichkeit für den Fall, das der Besitzer sich ein besonderes Kennzeichen wünscht. Dann haben Sie nämlich die Möglichkeit, jede Buchstaben/Ziffern-Kombination als Autokennzeichen zu wählen, die höchstens 6-stellig ist und noch nicht vergeben wurde. Persönliche oder lustige Kennzeichen wie zum Beispiel CAROL, MYLOVE oder 007 sind kein Problem. Die Kosten hierfür betragen ungefähr $ 60,- für das Schild.

Das renewal

Das Kennzeichen ist mit zwei kleinen Gültigkeits-Aufklebern versehen, einer für den Monat, der andere für das Jahr. Der Gültigkeitszeitraum einer Kfz-Registrierung beträgt immer ein Jahr. Als Ablaufdatum wird grundsätzlich der Geburtstag des Inhabers verwendet.

Wenn es Zeit wird, die registration zu erneuern, gehen Sie zu irgendeinem registration office (nicht orts- oder landkreisgebunden) und legen die registration, die emission sowie eine Versicherungsbestätigung vor. Sie erhalten dann einen neuen Jahreszahlaufkleber für das Folgejahr, den Sie selbst anbringen. Die Gebühr für diese Erneuerung beträgt ca. $14. Falls Sie sich nichts zu schulden kommen ließen, etwa die Versicherung vorzeitig gecancelled haben oder ähnliches, erhalten Sie etwa zwei Monate vor Ablauf einen Hinweis per Post, wie Sie Ihre neue Registrierung auch per Post durchführen können. Dazu schicken Sie den Betrag per Money Order (siehe Kapitel: Cash) an die angegebene Adresse und erhalten Ihre neuen Aufkleber einfach per Post zugesandt. Unbürokratisch geht es eben auch. Alle aktuellen Gebühren, Anschriften der Registration offices, Angaben über benötigte Dokumente usw., kurz - alles was Sie zum An- oder Ummelden wissen müssen, finden Sie auch im Internet:

Sofort - Kontakt

http://www.dmv.ca.gov

Kraftfahrzeug-Steuer

Kurz und gut - nicht vorhanden. Die jährliche Renewal

(Erneuerungs) - Gebühr für die Registrierung des Kennzeichens könnte die Bezeichnung Steuer wenigstens theoretisch tragen. Aber bei einem Gesamtbetrag von $14 pro Jahr, der auch noch die Bearbeitungsgebühr und die neuen Aufkleber enthält, kann man ruhigen Gewissens behaupten - Kfz-Steuer, unbekannt.

Kraftfahrzeug-Versicherung

Bis vor einigen Jahren bestand in Kalifornien keine allgemeine Versicherungspflicht. Jeder Bürger hatte die freie Wahl, ob oder ob nicht sein Fahrzeug versichert werden sollte. Da dies im Zuge der hohen Wachstums- und Zuzugsraten in Kalifornien zu immer mehr Ärger führte, wurde eine Art Haftpflicht-Versicherungspflicht für Kraftfahrzeuge eingeführt.

Die Mindestdeckungssummen betragen $15.000 für Personenschäden bei einer verletzten oder getöteten Person, $30.000 für Personenschäden bei zwei verletzten oder getöteten Personen und weitere $5.000 für Sachschäden. Mit „Art Haftpflichtversicherungspflicht“ ist gemeint, das alles mögliche auf Antrag als Deckungsnachweis anerkannt wird. Auch zum Beipiel ein Festgeldkonto oder eine heimische (deutsche) Versicherung, die das oben genannte Risiko absichert. Bei ausländischen Nachweisen wollen die kalifornischen Behörden es allerdings immer ganz genau wissen - und selbstverständlich in englisch.

Die zu zahlenden Prämien bei den kalifornischen Versicherern sind nicht von schlechten Eltern. Es wird sehr differenziert unterschieden nach Marke, Modell, Alter, Alter des Fahrers, Strafzetteln und Wohnort. Insurance agencies, also Versicherungsbüros, gibt es wie Sand am Meer und genausoviele verschiedene Preise gibt es auch. Allerdings ist es schwierig, eine Prämie von unter $1000 pro Jahr zu finden.

Die normalerweise ausgehändigte kleine Versicherungskarte (wie eine EC-Karte) muss immer mitgeführt werden und den Namen der Versicherung und deren Anschrift sowie die Vesicherungsdauer und die Versicherungsnummer enthalten.

Weil es trotzdem in Kalifornien jede Menge Autofahrer ohne gültige Versicherung gibt, manche Zahlen sprechen von bis zu 50%, wird auch dagegen eine Versicherung angeboten, deren Prämien allerdings lächerlich hoch sind.

TÜV
Ganz kurz - unbekannt! Eine regelmäßige behördliche Untersuchung der Fahrzeuge existiert nicht. Trotzdem funktioniert das System, wie Sie sich selbst überzeugen werden. Grobe Mängel wie »Scheinwerfer fehlen, Rad abgebrochen« etc. werden manchmal von Polizisten bemängelt, falls Sie durch eine der eher seltenen Verkehrskontrollen kommen oder beim zu Schnell fahren erwischt wurden. Ansonsten - keinerlei Belästigungen. Selbst das sehr laute Getöse meines defekten Auspuffs hat für zwei Wochen niemanden außer mich aus der Ruhe gebracht. Polizisten lockte es nur ein mitleidiges Lächeln hervor.
Auf keinen Fall wird der Zustand der Karosserie bewertet. Kommt es allerdings zum Unfall, und sollte der Grund dieses Unfalls in mangelnder Verkehrssicherheit Ihres Fahrzeuges liegen, »then you are in trouble«! Strafe vor Gericht (falls es zu einem Verfahren kommt) droht und die Versicherungsprämie geht hoch!

6.2 Der Kraftfahrzeug-Einkauf

Grundsätzlich macht es einen großen Unterschied, ob Sie neu oder gebraucht kaufen wollen. Dies ist keine Trivialfolgerung. Die Erfahrung, in den USA ein neues Auto zu kaufen, möchten Sie sich nach dem ersten Mal für die Zukunft vielleicht ersparen. Kapitalismus pur regiert. Es geht um IHR Geld - und sonst gar nichts. Sie werden ausgenommen nach Strich und Faden, wenn Sie nicht mit allen Wassern gewaschen sind. Es ist einfach unglaublich. Nach 3 Tagen und -zig Händlerbesuchen kann es durchaus vorkommen, das es Ihnen noch nicht einmal gelungen ist, einen konkreten Preis für Ihr neues Wunschgefährt zu erfahren. Weil man sehen möchte, wie gut Sie informiert sind, ob man Ihnen einen Mondpreis andrehen kann, wie die Konkurrenz dasteht etc. etc. Gar nicht zu reden von den 1001 Tricks, Versprechungen, Zusagen, Ausreden mit denen die Verkäufer arbeiten. Falls Sie von Beruf Einkäufer sind - hier ist Ihr ultimatives Testfeld. Wer hier besteht, besteht überall.
Eine erste Übersicht können Sie sich im Internet oder dem täglichen Anzeigenteil der Tageszeitung verschaffen. Die

Anzeigen der Neuwagenhändler im Quadratmeterformat überschlagen sich nur so von Angeboten aller Coleur. Da auch dieser Markt frei ist von staatlicher Gängelung und ein Rabattgesetz, Zugabeverordnung oder wie sie alle heissen, kann mit allen möglichen und unmöglichen Zusatzangeboten gearbeitet werden. Die Händler schenken Ihnen beim Autokauf $1000, geben TV-Satellitenschüsseln kostenlos ab, überreichen DisneyWorld Eintrittskarten für die gesamte Familie, garantieren 6 Monate kostenloses Tanken usw. usw. Dadurch wird es zwar nicht langweilig, aber das Vergleichen der Preis wird auch umständlicher.

Vielleicht werden Sie anstelle eines Neufahrzeuges zunächst ein Gebrauchtfahrzeug erwerben wollen. Schon der überdurchschnittliche Wertverlust der ersten Jahre ist für viele Menschen Anlaß genug, um sich für einen »gut eingefahrenen« zu entscheiden. Manche Gebrauchtwagen-Händler erklären sich übrigens bereit, den Wagen nach vereinbartem Zeitraum zu einem bestimmten Preis wieder zurückzunehmen. Bei den in der jüngeren Zeit gestiegenen Mietraten für Autos in Kalifornien kann sich das auch bei relativ kurzen Aufenthalten schnell lohnen.

Da der Markt sich teilweise erheblich vom bekannten unterscheidet, wäre eine erste Preisübersicht nicht schlecht. Schließlich wollen Sie ja vermeiden, ein überteuertes Auto zu kaufen, stimmts? Dazu gibt es unter anderem das Kelly's Blue Book, möglicherweise das Vorbild für die in Europa bekannte Schwacke-Liste. Nach Hersteller, Modell, Jahr und Ausstattung können Sie hier einen fundierten Anhaltspunkt für den Marktwert Ihres Modelles erhalten. Auf den Dollar genau nehmen sollten Sie die Preise aber nicht. Selbstverständlich sind Kellys Listen auf dem Internet vertreten, und zwar wie immer kostenlos:

Sofort - Kontakt

http://www.kbb.com

Sie geben einfach die Daten ein und erhalten den aktuellen Marktpreis. Eines ist dabei noch wichtig. Kellys Blue Book Preise sind differenziert nach Verkaufsregion. Das ist angebracht, weil für ein und dasselbe Auto im riesigen Amerika teilweise Preisunterschiede durch die großen Entfernungen und unterschiedliche Staatsvorgaben vorkommen. Ein VW Käfer zum Beispiel ist bei gleichen Daten in Kalifornien teurer als in Tennessee. Um diesen Preisgefällen Rechnung zu tragen, werden Sie auf der Abfrageseite von Kellys gebeten, einen ZIP-Code einzugeben (das ist die USA-Form der Postleitzahl). Bitte schauen Sie in diesem Buch unter POST nach, dort finden Sie eine Internetadresse, die Ihnen alle ZIP-Codes Amerika liefert. Für Ihren Gebrauchtwagenkauf bestehen grundsätzlich dieselben Möglichkeiten wie in Europa:

- Kauf von Privat aus dem Zeitungs-Kleinanzeigenteil
- Kauf von Privat aus dem Internet
- Kauf vom Kfz-Händler
- Kauf von Privat auf einem Automarkt
- Kauf auf einer Versteigerung

Kauf von Privat aus dem Zeitungs-Kleinanzeigenteil
Da jede Region in Kalifornien ihre eigene Tageszeitung besitzt, macht es wenig Sinn, hier alle Zeitungstitel aufzuführen. Die meisten Angebote finden Sie unter Rubrik »Transportation«, jeweils sortiert nach Marke und innerhalb der Spalten sortiert nach Modell und Jahr. Kleinanzeigen des Gebrauchtfahrzeugmarktes sind jeden Tag in relativ großer Anzahl enthalten, der stärkste Tag ist jedoch fast immer der Sonntag. Da private Kleinanzeigen in Kalifornien relativ teuer sind, kann man regelmäßig davon ausgehen, das der Inserent wirklich verkaufen möchte und zum Verhandeln bereit ist. Ist bei der Telefonnummer im Anzeigentext keine Vorwahl angegeben, so handelt es sich um eine lokale Nummer. Anzeigenzeitungen, in denen privat kostenlos inseriert werden kann, gibt es in Kalifornien auch.

Sofort-Kontakt

http://www.latimes.com
http://www.sfgate.com

Wie sieht so eine Anzeige nun aus? Hier eine echte, die aus der

Los Angeles Times stammt:

Volkswagen New Beetle - '99, 8k mi, auto., a/c, loaded, nonsmoker, 1 owner, perfect condition, bookvalue $15300, sac $14000 obo, ph 813-965-8674

Diese Abkürzungen bedeuten im Klartext und auf deutsch:

VW New Beetle	Hersteller und Modell
,99	Das Baujahr
8k mi	Abkürzung für 8.000 miles (8 Kilomeilen)
auto.	Automatic-Getriebe
a/c	Air Conditioning, Klimaanlage
loaded	Umgangssprache für Vollausstattung
nonsmoker	Nichtraucherwagen
1 owner	ein Vorbesitzer (das bedeutet aber nicht, das der Verkäufer auch dieser Vorsitzer ist)
perfect condition	selbsterklärend
bookvalue	Die amerikanische »Schwackeliste«, Kellys Blue Book genannt, taxiert ein Fahrzeug mit den genannten Daten auf $15300. Solche Angaben sollten Sie immer selbst überprüfen.
sac	Abkürzung für sacrifice: verschleudere für
obo	Abkürzung für or best offer, soll andeuten, das der Verkäufer zum Verhandeln bereits ist.

Kauf von Privat aus dem Internet

Wie Sie mittlerweile wissen, ist in den USA das weltweite Internet bereits viel mehr als in Europa in das alltägliche Leben von vielen Menschen eingetreten. Vom Airlineticketkauf über Pizzabestellung bis hin zum Babysittergesuch werden

viele Angelegenheiten des Alltags mehr und mehr über das Internet erledigt. Dazu zählt natürlich auch der Gebrauchtwagenkauf. Das Angebot an Kleinanzeigen ist riesig. Das Land auch. Deshalb muß man wissen, wie man geschickterweise sich nur die Angebote in der näheren Umgebung anzeigen läßt. Das meines Wissens nach größte Gebrauchtfahrzeugangebot im Internet finden Sie bei den Tradermagazinen. Das sind wöchentlich (freitags) erscheinende Fotoanzeigenhefte, die für $2 bis $3 verkauft werden. Gedruckt inclusive Foto (falls Sie selbst einmal verkaufen: der Fotograf kommt zu Ihnen nach Hause und fotografiert, alles kostenlos) kostet so eine Anzeige zwischen 30 und 50 Dollar bei Laufzeiten zwischen 2 und 3 Wochen.
Alle im Magazin enthaltenen Anzeigen sind auch auf der Webpage von Traderonline zu finden. Der Zugriff ist kostenlos, allerdings ist das Foto meistens nicht dabei. Und nun der Clou: Die gleiche Anzeige, aber ausschließlich auf der Webpage veröffentlicht, kostet nichts. Deshalb finden Sie sogar mehr Anzeigen im Internet als im bezahlten Magazin.

Sofort-Kontakt

http://www.traderonline.com/auto/search/index.shtml (PKW-Suche)
http://www.traderonline.com/cycle/search/index.shtml (Motorrad-Suche)

Der große Vorteil hier lautet große Zeitersparnis. Denn auf der Suchseite von Traderonline können Sie genau vorgeben, was Sie suchen. Der Rechner erledigt dann den Rest und zeigt Ihnen nur die Angebote an, die Ihren Vorgaben entsprechen. Sie können zum Beispiel eine telefonische Vorwahl eingeben und bekommen nur Angebote aus diesem Vorwahlbereich. Das ist gar nicht unwichtig in Amerika und hier besonders im Raum Los Angeles. Eine Stadt, für die mehr als eine Stunde Autobahnfahrt (!) benötigt wird, um sie zu durchqueren, könnte ein immenser Zeitfresser bei der Autosuche werden.
Natürlich können Sie auch das Baujahr und/oder den Preisbereich einschränken und auch nach einen ganz bestimmten Modell suchen. Daten und Telefonnumern werden sofort angezeigt und noch vor dem Bildschirm sitzend können Sie den Besitzer anrufen und einen Termin vereinbaren.

Einfacher geht es nicht, oder?

Der Kauf beim Kfz-Händler
Sie können sich nicht vorstellen, wieviel Autohändler es in einer amerikanischen Durchschnittsstadt gibt. Es ist einfach unglaublich. An manchen Straßen reiht sich einer an den anderen, und das geht dann kilometerweit so. Ich habe mich oft gefragt, wie jeder Einzelne einen ausreichendem Umsatz erzielt. Im Gegensatz zum Kauf von Privat bezahlen Sie natürlich immer die Gewinnspanne des Händler mit, die aber, das muß man fairerweise betonen, in den USA überlicherweise geringer ist als zum Beispiel in Deutschland. Anders als von Europa gewohnt können Sie bei den meisten Händlern auch abends oder am Sonntag einkaufen. Für den Kauf beim Händler gibt es einige Dinge zu beachten, damit Sie nicht unversehens Überraschungen nach Murphy erleben:

- Oft ist kein Preis am Fahrzeug angegeben. Sie sollten wenigstens eine ungefähre Vorstellung über den Wert des Fahrzeuges im Kopf haben, ansonsten wird es Ihnen ohne mit der Wimper zu zucken zum Wucherpreis verkauft. Manchmal ist doch ein Preis auf die Windschutzscheibe gemalt, aber mit dem Zusatz »dn.« Das bedeutet »down«. Dabei handelt es sich keineswegs um den Kaufpreis, sondern um die Anzahlung in bar, die Sie leisten müssen, um dieses Auto auf Kredit zu kaufen. Wider jede Ratio ist bei den Amerikanern oft nicht der Gesamtkaufpreis, sondern vielmehr die Höhe der Anzahlung und die Höhe der monatliche Raten kaufentscheidend.
- Handeln ist grundsätzlich einkalkuliert. Falls der Händler nicht bereit ist, mindestens (!) 20% von seinem ursprünglich genannten Preis abzuschlagen, sobald er davon überzeugt ist, das Sie ein ernsthafter Interessent sind, dann stimmt etwas nicht. Entweder haben Sie eines der ganz ganz seltenen, wirklich guten Angebote gefunden - oder Ihre Verhandlungstatik läßt sich noch etwas verbessern.
- Die Tatsache, bar zu bezahlen, ist ein großes Verhandlungsplus. Die weitaus meisten Autos in Kalifornien, auch die Gebrauchten, werden auf Kredit gekauft.

- Der einzige rechtmäßige Aufschlag auf den vereinbarten Kaufpreis ist die Kalifornien Salestax mit 7,25%. In vielen Fällen kommt der Händler dann noch mit Liefer-, Bereitstellungs- oder sonst was für Gebühren. Wenn er nicht bereit ist, auf diese »großzügig« zu verzichten, lassen Sie die Finger davon. Einzige Ausnahme: Sie besitzen noch kein Kalifornien Kennzeichen. Diese Kosten darf er in Rechnung stellen. Ich empfehle Ihnen, lediglich ein sogenanntes temporäres Kennzeichen (Temporary Tag) zu nehmen, zu dessen Ausstellung der Händler in der Regel autorisiert ist. Dieses zeitlich befristete Kennzeichen gilt 30 Tage, kostet ca. $30 Gebühr und erlaubt es Ihnen, sich selbst um die Zulassung zu kümmern und auch sofort vom Händlerplatz weg zu fahren.

Kauf von Privat auf einem Automarkt

Aus irgendwelchen nicht ganz geklärten Gründen scheint es in Kalifornien keinen rechten Markt für die bekannten Automärkte zu geben. In unregelmäßigen Abständen werden Neueröffnungen mit Ort und Zeit bekanntgegeben. Dann quälen sich diese Veranstaltungen über einige Zeit mit den normalen Anfangsschwierigkeiten wie ungenügende Anbieter- und Besucherzahl herum und verschwinden wieder. Nach einigen Wochen liest man dann über eine weitere Neueröffnung an anderem Ort. Wie gesagt, es ist nicht ganz klar, warum dem so ist. Vielleicht hat es mit den großen Distanzen zu tun. Oder es liegt an der Tatsache, das die Kennzeichen in Kalifornien inhaber- und nicht fahrzeugbezogen sind und deshalb so gut wie kein Besitzer sein Fahrzeug mit dem Kennzeichen »hergibt«. Oder es spielt eine Rolle, das man in Kalifornien überhaupt nicht gern größere Summen an Bargeld mit sich herumträgt.
Falls Sie gerade einen neueröffneten Automarkt finden, so ist der Ablauf jeweils der gleiche wie in Europa. Private Verkäufer zahlen eine Gebühr und dürfen Ihr Fahrzeug auf dem Gelände zum Verkauf anbieten. Kaufinteressenten haben kostenfreien Zutritt. Meistens gibt es kleine Speisen und Getränke zu kaufen und ein Versicherungsagent ist auch vor Ort. Trotzdem dürfte es aufgrund der oben angesprochenen »Unzuverlässigkeit« wegen nicht der richtige Weg für Ihren ersten Autokauf sein.

Kauf auf einer Versteigerung (auction)
Diese Art des Verkaufs verzeichnet in Kalifornien hohe Beliebtheit und Steigerungsraten. Die Termine und Orte werden in den Tageszeitungen wöchentlich bekanntgegeben. Die meisten Veranstalter sind private Unternehmen. Daneben gibt es auch Versteigerungen von Bundesbehörden, etwa dem US-Zoll oder dem US-Finanzministerium in unregelmäßigen Abständen. Hier werden dann beschlagnahmte Produkte aus z. B. Steuer- oder Drogenstraftaten versteigert.

Sofort-Kontakt

http://www.ustreas.gov/auctions/irs
(Versteigerungen der US-Finanzbehörden)
http://www.ustreas.gov/auctions/customs
(Versteigerungen der US-Zollbehörden)

Die zur Versteigerung stehenden Artikel beschränken sich nicht ausschließlich auf Kraftfahrzeuge. Der Vorteil bei Versteigerungen durch Bundesbehörden liegt darin, das es sich um sogenannte offene auctions handelt, d.h. es gibt kein Mindestgebot und auch kein Mindestabschlußpreis. Kein Produkt soll zurückbleiben, es wird -wörtlich- um jeden Preis verkauft. Deshalb kann man hier so manches Schnäppchen machen, vor allem wenn die Auktion nicht gut besucht ist.
Allerdings - meiner Meinung nach ist der Kauf auf einer auction nur für Käufer mit ausgeprägtem technischen Background und einer gewissen Vertrautheit mit den doch eigenen Umgangsformen geeignet. Allein schon die Sprechgeschwindigkeit des Auktionators, die an einen Hochgeschwindigkeits-Gesang erinnert und Ihnen nur bei sehr guten Englischkenntnissen eine Chance zum Verstehen läßt, dürfte ein kleines bis mittleres Problem aufwerfen (falls Sie schon einmal eine amerikanische Farmtierversteigerung im Fernsehen gesehen haben, wissen Sie was ich meine). Da außerdem alle Veranstaltungen streng termin- und ortsgebunden ist, rate ich Ihnen zumindest für Ihr erstes Auto davon ab.

Worauf sollten Sie beim Auto/Motorradkauf achten?

Lassen Sie sich bei Ihrer Kaufentscheidung keinesfalls unter Zeitdruck durch den Verkäufer setzen. Es ist völlig gleich, wie seine Argumente lauten. Entweder bestimmen Sie als Käufer den Ablauf des Kaufes, oder sie verzichten. »Cash is king« wie man in den angelsächsischen Ländern gern sagt - nicht der Verkäufer.

1) Legen Sie den maximalen Kaufpreis fest, das Ihr Auto kosten darf.
2) Falls Sie bereits wissen, welche Marke oder Modell Sie bevorzugen: Schauen Sie doch zunächst in Kellys Blue Book und vielleicht auch in den örtlichen Kleinanzeigen nach, um ein Gefühl für den richtigen Preis zu bekommen.
3) Sodann können Sie sich bei Händlern, in den Zeitungen und im Internet umschauen. Kommt während Ihrer Suche ein Wagen näher in Betracht, beginnen Sie am besten relativ früh im Gespräch zunächst über den Preis zu verhandeln. Das ist einkalkuliert und wichtig um zu sehen, ob überhaupt eine Chance auf Einigung besteht. Ist dem so, fahren Sie zunächst selbst einmal Probe. Achten Sie darauf, daß das Auto Ihnen zusagt und das es keine merkwürdigen Verhaltensweisen oder Geräusche zeigt.
4) Versichern Sie sich, daß das Fahrzeug schuldenfrei ist. Dazu schauen Sie im title nach. Neben dem Besitzereintrag enthält er in diesem Fall auch die Anschrift eines eventuell vorhandenen Gläubigers. Ist dies der Fall, so empfehle ich Ihnen, von diesem Angebot Abstand zu nehmen. Das Risiko ist einfach zu groß. Die einzige Ausnahme besteht nur dann, falls der Verkäufer ausreichend schriftliche Nachweise besitzt, das der Kredit bereits getilgt ist, aber eben noch nicht ausgetragen wurde. Wie sicher diese schriftlichen Nachweise sind, müssen Sie selbst beurteilen.
5) Checken Sie die Identität des Verkäufers. Es muß sich um die gleiche Person handeln, die im certificate of registration als letzter Besitzer eingetragen ist. Falls das nicht der Fall ist, bestehen Sie auf einer Vollmacht des Besitzers, daß das Fahrzeug verkauft werden darf oder lassen Sie die Finger davon.
6) Lassen Sie das Auto von einem unabhängigen Servicedienst oder zumindest einer nahegelegenen Werkstatt checken, falls Sie sich nicht ausreichend sicher fühlen.
7) Ist bis hier alles gut verlaufen, sagen Sie dem Verkäufer, »in

Ordnung, ich würde den Wagen gleich bar bezahlen und mitnehmen, wenn wir uns auf $ xxx einigen«. Ist er einverstanden, schreiben Sie eine Bill of Sale oder eine Bill of Purchase (Kaufvertrag) und unterzeichnen. Für den Fall, das es sich um einen privaten Deal handelt, empfehle ich noch die Unterschrift durch einen Public Notary, damit machen Sie die Angaben zum Kaufpreis hieb- und stichfest. Das ist wichtig für die Salestax Berechnung bei der Anmeldung. Anschließend fahren Sie mit Ihrem eigenen Auto nach Hause.

6.3 Besonderheiten im Straßenverkehr

Das die Amerikaner viel und gerne Auto fahren, ist bekannt. Dementsprechend (!) gut ausgebaut ist auch das Straßennetz. Schon fast alle innerörtlichen Straßen, die nicht gerade durch ein ausgeprägtes Wohngebiet führen, besitzen deutsche Autobahnbreite und Spurzahl.
Interstates sind Autobahnen, die zum zügigen und bequemen Zurücklegen von größeren Entfernungen benutzt werden. Gekennzeichnet sind diese durch ein I und einer Nummer, also etwa I-10. Straßen in Nord-Süd Richtung tragen ungerade Nummern, solche in Ost-West Richtung tragen gerade. Für alle Straßen gilt, das sie jeweils mit der Himmelsrichtung, in die sie führen angezeigt werden, also I-10 East und West. Das stellt sich nach kurzer Eingewöhnungszeit als sehr hilfreich heraus. Auch alle anderen Straßen sind mit schlauem System markiert. Dieses erlaubt es nämlich, jede beliebige Adresse auch in einer unbekannten Stadt quasi ohne Umwege und ohne auch nur einmal den Stadtplan konsultieren zu müssen, anzusteuern.
In kurzen Worten funktioniert es folgendermaßen: Jede Stadt ist in vier Quadranten unterteilt. Daraus erklären sich die Straßenbezeichnungen NW, NE, SW und SE (Nordwest bis Südost). Die Straßennummerierungen steigen vom Schnittpunkt ausgehend (N.W. 48. Street liegt nördlich von N.W. 35. Street). Schließlich haben es noch die Hausnummern in sich. Nur die letzten beiden Ziffern geben die eigentliche Hausnummer an, die Ziffern davor nennen die Straßennummer der kreuzenden Straße.

Wow, das hört sich kompliziert an. Ist es aber gar nicht.
Ein Beispiel: Sie wollen die Anschrift »**12**32 S.E. 24th Avenue« finden. Die 24. Ave. finden Sie mit dem oben genannten Koordinatenkreuz einfach. Wenn Sie nun diese 24. Avenue entlangfahren, passieren Sie jede Menge Kreuzungen. Sie fahren zum Beispiel über die 8., die 9., die 10. usw. Straße. Jetzt Achtung! Unsere Beispieladresse liegt zwischen der **12.** und der 13. Straße. So einfach ist das.
Nach einer geringen Eingewöhnungszeit werden Sie dieses System wahrscheinlich nicht mehr missen wollen, weil es ermöglicht, in (fast) jeder Stadt jede x-beliebige Adresse einfach zu finden. Ohne auch nur ein einziges Mal auf einen Stadtplan zu schauen. Hier alle anderen bei Straßenbezeichnungen häufig verwendeten Abkürzungen:

AVE	Avenue
BLVD	Boulevard
CTR	Center
CIR	Circle
CT	Court
DR	Drive
EXPY	Expressway
HTS	Heights
HWY	Highway
IS	Island
JCT	Junction
LK	Lake
LN	Lane
MTN	Mountain
PKWY	Parkway
PL	Place
PLZ	Plaza
RDG	Ridge
RD	Road
SQ	Square
ST	Street
STA	Station
TER	Terrace
TRL	Trail
TPKE	Turnpike

VLY	Valley
WAY	Way

Einhalten sollten Sie die **Geschwindigkeitsbeschränkungen,** da deren Kontrolle eine der Hauptbeschäftigungen der Polizei ist und die Geldstrafen relativ hoch sind. Haben Sie aus irgendeinem Grund die Aufmerksamkeit eines Polizeifahrzeuges erregt, so wird es mit eingeschaltetem Blinklichtern auf dem Dach hinter Ihnen herfahren. Die sind normalerweise nicht zu übersehen. Falls es Ihnen doch einmal passiert, schaltet der Officer kurz seine Sirene ein und schon blicken Sie in den Rückspiegel. Das bedeutet dann, das Sie bei der nächsten Möglichkeit rechts heranfahren müssen, anhalten, den Motor abschalten und im Wagen sitzen bleiben, bis der Officer, der sein Auto hinter Ihrem anhält, am Seitenfenster steht und Ihnen sagt, was zu tun ist.
Die Zeit, in der man auf 5-spurigen endlos geraden Autobahnen mit wenig Verkehr mit 55mph (88km/h) herumzockeln mußte, sind glücklicherweise vorbei. Seit 1996 Präsident Clinton die allgemeine Geschwindigkeitsbeschränkung ersatzlos gestrichen hat, dürfen alle US-Staaten nach eigenem Gusto die Tempi festsetzen. Kurze Zeit darauf erhöhte Kalifornien zunächst auf 65mph, später noch auf manchen Strecken auf 75mph. Schließlich toleriert die Polizei in zunehmendem Maße noch eine Übertretung von bis zu 10 mph.
Das Ergebnis lautet heute, das die Durchschnittsgeschwindigkeit auf Kaliforniens Straßen nicht mehr wesentlich unter der deutschen liegt. Interessant ist die Tatsache, das gerade im innerstädtischen Verkehr auf vielen Durchgangsstraßen die durchschnittliche Geschwindigkeit bis zu 80 km/h betragen kann.
In den sogenannten Rural Areas, wir sagen auf dem Land, werden Flugzeuge und Hubschrauber benutzt, um die Geschwindigkeit der Verkehrsteilnehmer zu kontrollieren. Oft sind Warnschilder am Strassenrand angebracht, etwa „Speed enforced by airplanes“ Dies ist auch schon der einzige Hinweise, denn es ist nahezu unmöglich, als Autofahrer einen „verfolgenden“ Hubschrauber zu entdecken.
Rechts überholen ist erlaubt! Auch auf den Autobahnen. Jeder fährt da, wo es ihm gerade gefällt. Mit Hupen oder

Verscheuchen werden Sie sich nicht beliebt machen. Man fährt halt einfach dort vorbei, wo gerade Platz ist. Daraus folgt, das man sich beim Ausscheren, egal nach welcher Seite, gut umschauen muß.

Das **Parken an gelb markierten Bordsteinen** sowie näher als 3 Meter an einem Hydranten oder an einer Einfahrt ist verboten und wird ohne Gnade verfolgt. Ebenso das Überziehen der Parkuhrzeit im Ballungsgebieten. Mir ist es schon mehrmals passiert, das ich ein Ticket ($18) erhielt, obwohl ich bloß um 5 bis 10 Minuten überzogen hatte.

Verkehrsampeln werden nicht an der Haltelinie, sondern mitten über der Kreuzung aufgehängt. Eine gelb blinkende Ampel bedeutet eine Warnung, eine rot blinkende, das mindestens ein kurzer Halt zum Vergewissern notwendig ist.

Sehr schön ist die Regel, das an fast allen Ampeln trotz Rotphase nach rechts abgebogen werden darf. Dadurch werden sehr viele absolut unnötige Staus vermieden. Nur an wenigen Ampeln wird dies durch ein zusätzliches Schild mit dem entsprechenden Text (NO TURN ON RED) nicht gewährt.

Sehr geschützt sind **Schulgebiete**. Dort blinkt vor Schulbeginn und nach Schulende eine gelbes Blinklicht über der Fahrbahn mit dem Hinweis, das nicht schneller gefahren werden darf als 15 mph. Der Beginn und das Ende der Beschränkung ist gut markiert. In diesen Bereichen treten Radarkontrollen gehäuft auf. Schulbusse (das sind die gelb lackierten) genießen ebenfalls besondere Rechte. Bei Stops hat der gesamte Verkehr zu stoppen. Handelt es sich um eine Straße mit nur einer Fahrbahn für jede Richtung, gilt das auch für die Gegenfahrbahn.

Schließlich unterscheidet sich das **Tanken** noch etwas vom gewohnten Vorgang. Einige Tankstellen bestehen auf Vorauskasse. Sie müssen also zum Häuschen gehen, $10 oder $20 hinlegen und mitteilen, welche Zapfsäule freigeschaltet werden soll. Ein eventueller Überschuß wird Ihnen selbstverständlich anstandslos zurückgezahlt, erfordert aber einen zweiten Gang zur Kasse. Nach dem Einführen der Zapfpistole in den Tankstutzen müssen Sie noch einen Hebel an der Zapfsäule umlegen. Dann kann es losgehen.

Fahren unter Alkoholeinfluss (DUI, driving under influence) wird sehr ernst genommen in Kalifornien. Die Strafen sind drastisch und reichen von mehreren Hundert Dollar bis hin zur Nacht im Gefängnis. Das Limit beträgt 0.08% oder 0,8 Promille und die Polizei darf ein Ticket auch unterhalb dieser Grenze ausstellen wenn sie nachweisen kann, das Ihr Fahrfehler durch Alkohleinfluss zustande kam oder wenigstens begünstigt wurde. Der Genuss von Alkohol ist erst ab 21 Jahren erlaubt. Fahrer, die jünger sind und mit einer Fahne erwischt werden, wandern mit hoher Sicherheit erstmal ins örtliche Gefängnis.

Auf manchen vielbefahrenen Autobahnen sind einzelen Fahrspuren als **High Occupancy Vehicle** (HOV oder HOL) Spuren ausgewiesen. Dort dürfen zu den auf den Verkehrsschildern lesbahren Zeiten (meistens die Rushhours morgends und nachmittags) nur Fahrzeuge mit mehr als einem Insassen fahren (Ausnahme Motorräder, Busse). Diese Spuren sind normalerweise weniger befahren und der Verkehr fliesst dort deshalb zügiger.

Wenn Sie in einen **Verkehrsunfall** mit mehr als $500 Sachschaden oder jeder Art von Personenschaden verwickelt sind, müssen Sie diesen Unfall innerhalb von 10 Tagen dem DMV (Department of Motor Vehicles). Die Vesicherungsagenturen wissen Bescheid und haben Formblätter vorrätig.

TIP

Unterschätzen Sie bitte nicht die Weiten Amerikas. Es kann sehr heiss und sehr einsam werden in Kalifornien. Falls Sie durch eine der kalifornischen Wüsten fahren, etwa die Mojave Desert oder ins Death Valley, sind Vorkehrungen notwendig, an die man als Mitteleuropäer nicht unbedingt denkt:

- Sorgen Sie bitte für genügend Wasser im Auto. Für Insassen ist 1 Gallone (knapp 4 Liter) Wasser pro Person und Tag angebracht. Auch Reservewasser für das Kühlsystem Ihres Autos bitte nicht vergessen.
- Achten Sie auf die Wassertemperatur des Kühlers. Gar nicht selten geht es bei hohen Temeraturen bergauf. Schalten Sie dann die Klimaanlage ab, um Motorüberhitzung zu vermeiden.
- Nutzen Sie jede Gelegenheit am Strassenrand, um zu tanken, Wasser und Öl zu kontrollieren etc. Nehmen Sie ausreichend Decken für eventuelle kalte Nächte mit.

- Falls Sie eine Autopanne haben, die Sie nicht selbst beheben können, bleiben Sie beim Wagen. Nur dann, wenn Hilfe in Sichtentfernung zu vermuten ist, sollte man losmarschieren. Begeben Sie sich auf einen Fussmarsch ohne sichtbares Ziel, **dann stehen die Chancen nicht schlecht, das man Sie nie wieder lebend sieht.**

7.0 Earn your dream - Arbeitsmarkt

Zum legalen Aufnehmen einer bezahlten, angestellten Tätigkeit in Amerika, völlig gleich um welche es sich handelt, benötigen Sie irgendeine Form von Arbeitserlaubnis. Das kann ein bestimmtes Visa oder eben eine konkrete Arbeitserlaubnisdokument sein. Solange das Visa nicht GreenCard heißt, ist die Genehmigung so gut wie immer auf eine bestimmte Tätigkeit bei einer bestimmten Firma beschränkt. Nur in der Green Card, die ständige Aufenthaltsgenehmigung für die USA, ist eine uneingeschränkte -weder nach Zeit noch nach Art- Arbeitserlaubnis bereits enthalten.

Wichtig zu wissen ist, das für bestimmte Berufe Zusatzprüfungen erforderlich sind. Diese Zulassungs-Prüfungen gelten für diejenigen Berufe, deren unsachgemässe Ausübung eine Gefahr für die Bevölkerung darstellen könnte. Weiter unten finden Sie entsprechende Liste.

Besitzen Sie zwar kein relevantes Visa für die Vereinigten Staaten, haben aber einen Arbeitgeber gefunden, der an Ihnen interessiert ist und Ihnen eine Stelle anbietet, dann wird es einfach. Üblicherweise beantragt der zukünftige Arbeitgeber Ihr Visa -in Amerika sind die Unternehmen das gewohnt- und tritt dabei als sogenannter Sponsor auf. Die „Sponsor"-Bedingung ist ein Erfordernis des INS (US-Einwanderungsbehörde) um sicherzustellen, das der Visabewerber dem Staat nicht innerhalb kürzester Zeit zur Last fällt.

Die Arbeitslosenquote in Amerika ist mit ca. 4% schon seit geraumer Zeit gering, in High-Tech Berufen herrscht sogar Arbeitskräftemangel. Bände spricht auch die Tatsache, das vor einiger Zeit das INS verkündet hat, ab sofort die meisten der „Illegalen" nicht mehr aktiv zu verfolgen, weil sich herausgestellt hat, das „..diese Personengruppe wie alle anderen auch ihre Steuern bezahlt.." Es wird bereits diskutiert, die Quoten der

Einwanderungs- und Arbeitserlaubniszahlen stark zu erhöhen, bei der jährlichen GreenCard Lotterie ist dies sogar bereits entschieden. Ihre Chancen stehen also gerade zur Zeit gar nicht schlecht.
Haben Sie dann zum ersten Mal einen amerikanischen Arbeitsplatz erhalten, können Sie sich in den meisten Fällen über ein entspannteres Leben als in Deutschland freuen. In Amerika wird bei teils geringerem (Brutto-) Lohn als in Europa eher abgeklärt und nicht hektisch mit einer Art »easy going« seiner beruflichen Tätigkeit nachgegangen. Es kann durchaus passieren, das ein Angestellter nach dem lunch nach Hause geht, um sein Haus zu streichen oder mal wieder mit den Kindern zu spielen. Wohlgemerkt - ohne das er Urlaub nimmt, sich krank meldet oder eine Gleitzeitkarte stempelt (Menschen, die diese Möglichkeiten zu sehr ausnutzen, bekommen selbstverständlich auch hier Probleme).
Dazu kommt, das einige der in Europa oft negativen Mythen über den amerikanischen Arbeitsmarkt einfach unwahr sind, wozu wir gleich kommen. Doch um eine Tatsache kommt man nicht herum: Amerika ist weder Schlaraffenland, noch existiert die allumfassende Fürsorge von »Vater« Staat für Arbeitnehmer oder Einwanderer, wie Sie es vielleicht gewohnt sind oder eventuell erwarten. Interessant dabei ist noch, das Menschen mit Selbständigkeitsplänen in mindestens dem gleichen Maß wie Arbeitnehmer gefördert und geschützt werden.
Für welchen Weg man sich auch imer entscheidet, eines ist stets wahr: Träumer ohne großes Bankkonto, Menschen, die sich einfachen schnellen Reichtum erhoffen oder aber diejenigen, die sich hinsetzen und abwarten, das Ihnen jemand sagt, was nun zu tun ist, werden mit großer Wahrscheinlicheit nicht glücklich werden.

Berufe, für die Zusatzprüfungen verlangt werden

Accountants, Acupuncturists, Architects, Barbers, Chiropractors, Clinical Laboratory Personnel, Clinical Social Workers, Construction Contractors, Cosmetologists, Dentists, Dental Hygienists, Electrical Contractors and Engineers, Funeral Directors & Embalmers, Geologists, Hearing Aid Specialists, Landscape Architects, Land Surveyors, Marriage & Family Therapists, Massage

Therapists, Mental Health Counselors, Naturopaths, Nurses, Nursing Home Administrators, Opticians, Optometrists, Osteopathic Physicians, Pharmacists, Physical/Occupational Therapists, Physicians, Podiatrists, Port Pilots, Psychologists, Real Estate Agents, Veterinarians.

Der amerikanische Arbeitsmarkt

> *»Jedermann, der sich auch nur ein klein wenig mit dem World Wide Web beschäftigt hat, kommt nicht umhin zu sehen, das das Industriezeitalter für alle Zeiten von der Weltbühne verschwunden ist. Eine hochtechnisierte Informationsgesellschaft ist längst entstanden und entwickelt sich rasant immer weiter.« (aus der Broschüre eines großen US-Zeitarbeitsvermittlungs-Unternehmens, 1999)*

...und die Welt interessiert nicht besonders, das man das in Deutschland noch nicht richtig verstanden und schon gar nicht akzeptiert hat. Weil der Vorsprung der westlichen Welt - und Kalifornien kann in den Bereichen EDV. Telekommunikation und Biotechnik als marktführend gelten- vor Deutschland bereits viel größer ist als zugegeben wird und dieser Vorsprung weiter wächst, werden den deutschen Politikern in den kommenden Jahren möglicherweise schwere Vorwürfe wegen ihrer ignoranten Versäumnisse gemacht werden. Die Politik, das sich die grosse Welt gefälligst dem kleinen Deutschland anzupassen hat, ist nun nicht gerade aufgegangen.
Jedenfalls bedeutet das für viele Menschen, sich eher mit Computern als mit Fräsmaschinen auseinanderzusetzen. Und andere Sprachen und Mentalitäten zu verstehen, weil die Wirtschaft längst global funktioniert. In dieser Informationsgesellschaft können Arbeitsplätze genauso schnell verschwinden wie neue entstehen. Die Zeit der 30, 40 oder 50-Jahre-Jubilare in ein und derselben Firma dürften unwiederbringlich vorüber sein. Nach den Statistiken des US-Bureau of Labor Statistics werden die Menschen schon bald im Laufe Ihrer Lebensarbeitszeit mindestens dreimal den Beruf wechseln und bis zu zehnmal den Arbeitsplatz!

Wie weiter oben schon kurz erwähnt, sind angestellte Arbeitsverhältnisse in Amerika in Europa oft mythenbehaftet. Alle möglichen Gerüchte bestehen, meistens handelt es sich dabei um schlechte, negative Bewertungen. Doch wie ist es nun wirklich?

Die Frage nach dem ***Arbeitnehmerschutz*** kann kurz und schnell beantwortet werden: Bauen Sie nicht darauf. Ein Unternehmer hat in den Staaten die Entscheidungsgewalt über sein Unternehmen weitgehend behalten. Hire and Fire funktioniert. Nur in den ganz großen Industrien, etwa bei den Automobilherstellern, gibt es mächtige Gewerkschaften. Ansonsten sind Sie auf sich gestellt. Aber wie überall gilt natürlich: kein Arbeitgeber läßt einen guten Mitarbeiter gehen. Die Kündigungsfrist beträgt oft nur 2 Wochen und selbst diese kurze Zeit steht unter diesen Umständen nur auf dem Papier. Es kommt zwar nicht laufend vor, aber es ist nichts ungewöhnliches, das ein Angestellter am Freitag kündigt, um am Montag bei einer neuen Firma anzufangen. Die Einhaltung der Kündigungsfrist ist oft das Danke des Arbeitnehmers an einen ansonsten netten Arbeitgeber.

Als regelmässige ***Arbeitszeit*** ist in den USA die 5-Tage-40h-Woche eingeführt, obwohl viele Geschäfte und Supermarktketten auch sonntags für 12 Stunden, manchmal auch für 24 Stunden geöffnet haben. Auch an vielen (nicht allen) Feiertagen sind die Geschäfte geöffnet. Alle kleineren Shops, Banken und Versicherungen öffnen um 9.00 Uhr und schließen pünktlich um 17.00 Uhr, was dann auch der persönlichen Arbeitszeit entspricht. Komisch, oder? Das sind ja bloß acht Stunden. Wo sind denn die Pausen? Tja, auch das ist hier nicht geregelt. Theoretisch haben Sie keine. In der Praxis sieht das natürlich anders aus. Man ißt, geht raus zum Rauchen und unterhält sich während der Arbeitszeit.

Die Zahl der ***Urlaubstage*** ist unter anderem vom Arbeitgeber abhängig, wird aber 2-3 Wochen pro Jahr anfangs nicht überschreiten. Allerdings ist das nicht alles. Sie erhalten dazu noch die sogenannten sick-days, meistens einer pro Arbeitsmonat. Dabei handelt es sich um bezahlte Krankheitstage, die der Arbeitgeber Ihnen gewährt - auch wenn Sie nicht krank sind. Sie dürfen diese Tage beliebig verwenden, auch zum, sagen wir, Angeln gehen.

Dazu kommt noch die äusserst arbeitnehmerfreundliche Feiertagsregelung. Fällt nämlich einer der amerikanischen Feiertage, von denen es mindestens so viele wie in Deutschland gibt, auf einen Samstag oder Sonntag - dann wird dieser einfach auf Freitag oder Montag zurück- bzw. vorverlegt! Die tatsächliche Freizeitdauer ist also doch nicht so sehr verschieden von Europa, wie gerne erzählt wird.
Was die ***Krankenversicherung*** betrifft, so besitzen Sie die uneingeschränkte Entscheidungsfreiheit, ohne zu irgendetwas von Staats wegen gezwungen zu werden. Im Gegensatz zu Deutschland bleibt es Ihrer eigenen freien Entscheidung überlassen, Mitglied einer Krankenversicherung zu werden oder eben nicht. Wenn Sie möchten - schön. Wenn Sie nicht möchten - auch schön. Übrigens ein in den USA weitverbreitetes Prinzip für alle Lebenslagen.
Im Gegensatz zur in Europa vorherrschenden Fehlmeinung bieten viele amerikanische Arbeitsgeber eine Art Betriebskrankenkasse an. Diese besteht aus einem Abkommen des Arbeitsgebers mit irgendeiner Krankenversicherung vom freien Markt. Genau wie in Europa bezahlen Sie 50% der Krankenversicherungsbeiträge und der Arbeitgeber die anderen 50%. Und die üblichen Versicherungsprämien sind mit rund $100/Monat sehr günstig. Weil die Höhe des Versicherungsbeitrages überhaupt nichts mit Ihrem Gehalt zu tun hat, sondern fix ist, bleibt nach einer Gehaltserhöhung auch wirklich mehr Geld für Sie übrig.
Das gleiche gilt für die ***Rentenversicherung.*** Auch bei dieser entscheiden nur Sie, und zwar über alles nur denkbare: Wollen Sie überhaupt eine? Wieviel möchten Sie einzahlen? Welche Art von Vermögensanlage soll es sein? Sie haben wirklich die Qual der Wahl. Ein Rentenkonto kann alles sein: Aktiendepot, Lebensversicherung, Festgeldkonto - was immer. Wenn ein Konto als Rentenkonto eingerichtet wurde, ist es bis zu einem gewissen Grad steuerbefreit.
Auch eine ***Arbeitslosenversicherung*** gibt es Amerika. Der wesentliche Unterschied zum deutschen Adäquat liegt in der Höhe der Beträge. Sowohl die zu zahlenden als auch die auszuzahlenden Beträge liegen weit unter dem deutschen Niveau und animieren dadurch nicht zum „Auf der faulen Haut liegen“.

Wenn es um das ***Gehalt*** in Amerika geht, hört man ja oft die phantastischen Summen von Vorstandsmitgliedern und ähnlichen Berufsebenen. Doch wie sieht es für uns, die „Normalen“ aus? Je nach Beruf und Firma liegt das Einkommen zwischen -20% und +20% unter den deutschen. Allerdings - jeder Sachverhalt hat mindestens zwei Seiten. Neben den oben schon dargestellten »Vereinfachungen« im Tagesablauf liegen die Abzüge, und damit sind nicht nur die Steuern, sondern auch Kranken-, Renten-, und Arbeitslosenversicherung, also der Gesamtabzug gemeint, nur zwischen 30% oder 40%, je nach Einkommen. Die Einkommenssteuer setzt sich aus zwei Teilen zusammen. Es gibt einen Bundesanteil und einen Bundesstaatsanteil.
Vom schliesslich übrigbleibenden Nettobetrag können Sie sich mehr leisten als in Deutschland. Nachdem Deutschland in der Rangliste der kaufkraftstärksten Länder auf Platz 20 (!) abgestürzt ist, dürfte auch dem letzten Zweifler klar sein, das man für sein Geld in Amerika mehr bekommt. Einfaches Beispiel: Einmal volltanken: 17 Dollar. Mit einem Arbeitsplatz in Amerika stellen Sie sich also gleich zweimal besser.

7.1 Stellenangebote

Stellenangebote werden von den meisten amerikanischen Arbeitgebern gleichberechtigt auf dem Internet und in Tageszeitungen geschaltet. Zusätzlich können Sie selbst aktiv werden, indem Sie passende Firmen aus z. B. den Gelben Seiten (Internet!) anrufen. Auch ohne Termin persönlich vorstellig werden, zum Beipiel während eines Urlaubes, ist nichts Besonderes.
Doch das Internet ist ganz sicher das Medium der Zukunft. Sie bewerben sich gleich am Bildschirm und können Ihren Lebenslauf sogar für suchende Firmen in Datenbanken bereithalten. Darüber hinaus können Sie sich über die inserierenden Firmen, ihre Branche, Größe und weitere Ausschreibungen informieren. Alle großen Online-Betreiber bieten ein Vollprogramm um das Thema Stellensuche an. Nur einige heißen:

Sofort-Kontakt

http://www.yahoo.com
http://www.infoseek.com
http://www.lycos.com
http://www.excite.com

Daneben gibt es natürlich den althergebrachten Stellenmarkt in den Tageszeitungen. Dachten Sie! Es gibt ihn natürlich (noch), doch auch die Zeitungen haben sich längst auf das Internet verlegt. Inzwischen lesen mehr Interessenten den Onlinestellenmarkt denn den auf Papier. Der starke Hardcopytag (die »echten« Zeitungen) ist wieder der Sonntag. Bei den Onlineversionen ist jeder Tag ein starker Tag. Nur einige Internet-Angebote von amerikanischen Zeitungen finden Sie unter:

Sofort-Kontakt

http://www.sfgate.com(San Francisco)
http://www.latimes.com (Los Angeles)
http://www.usatoday.com (gesamte USA)
http://www.wsj.com (gesamte USA)
http://www.nytimes.com (gesamte USA)

Im Gegensatz zu der bekannten vermischten Aufmachung in Deutschland sind Stellenangebotsanzeigen in den USA nach Branchen sortiert, etwa wie Autos nach Marken. Die wichtigsten Branchen lauten:

Agencies	Alle Arten von Agenturübernahmen
Computer/Technical	selbsterklärend
Domestic	Hausmädchen, Privatköche, Chauffeure etc.
Employment Services	Arbeitsstellenvermittler für Vollzeitstellen, bitte nicht mit den bekannten Zeitarbeitsfirmen verwechseln.
Engineering	Alle Arten von Ingenieurswesen, auch Mechaniker etc.
Entrepreneurial Opps (=opportunities)	Beteiligungen, Firmengründungen
Financial	Bankenwesen, Versicherungen, Broker
Government	Öffentliche Arbeitgeber
Industrial	Dreher, Fräser, Maschinenarbeiter im weiten Sinn, auch Fliessband
Management	Bitte nicht mit der deutschen Bedeutung verwechseln.

	Ein Manager in Amerika ist zum Beispiel der Filialleiter eines Lebensmittelsmarktes.
Medical	Krankenschwestern, Ärzte, Pflegepersonal
Miscellaneous	Vermischtes
Models/Talent Agencies	Model- und Talentagenturen
Models/Talent	Models etc.
Office/Clerical	Büroangestellte
Part-Time	Teilzeitstellen
Personal/Beauty Services	Friseure, Maniküre etc.
Positions Wanted	Stellengesuche
Professional	Alle Berufe, die eine hohe Ausbildung erfordern. Rechtsanwälte, Ärzte, Ingenieure, aber auch etwa Mechaniker mit hohen Qualifikationen.
Restaurants	Kellner, Köche, Platzanweiser
Retail/Store	Ladenverkauf
Sales	Alle anderen Verkäufe
Showbiz	Musiker, Entertainer, Schauspieler
Work At Home	Heimarbeit

Wie sieht so ein Anzeigentext nun aus? Hier zwei Beipiele:

> Design/Manufacturing Engineer
> Individual will be required to generate design and shop drawings from concepts. Must be able to maintain engineering documentation, change notices, technical instructions for manuals, and manufacturing process instructions. Should be familiar with manufacturing processes such as machining, welding and assembly. Experience with MRP systems is required. Minimum 5 years experience in Capital Equipment manufacturing. ME/IE Degree preferred.
> Salary and benefits commensurate with experience, education, and performance. Qualified, interested candidates should submit resume and salary requirements to: (es folgt die Adresse, emailanschrift und Tel/Faxnummer)

> CAD DRAFTER/DESIGNER. Coastal engineering firm seeking F/T drafter with min. 3 yrs. exp in civil/survey drafting using AutoCAD software. Eaglepoint software, Microstation & GIS exp a +. Competitive salary & benefits. Fax resume (es folgt lediglich die Faxnummer)

ME/IE prefered

Ein Bewerber mit Masters Degree (entspricht etwa der üblichen deutschen Hochschulausbildung) wird bevorzugt. Trotzdem können Sie eine Chance auch ohne haben, wenn Sie wirklich gut sind und viel Erfahrung haben, weil in Amerika der Titel

nicht sehr viel zählt.
Oberhalb des Masters Degrees befindet sich das Ph. D. (pieh aehtsch dieh) , das in etwa einem Doktor entspricht. Unterhalb des Masters Degrees liegt das Bachelors Degree, dem ungefähr eine deutsche Berufsausbildung entspricht.

EOE
Dieses Kürzel werden Sie sehr oft in Anzeigentexten entdecken. Es handelt sich um die Abkürzung für *Equal Opportunity Employer* und bedeutet frei übersetzt *Bei uns gibt es keine Diskrimierung nach Alter, Rasse, Geschlecht, Religion etc.*
In Amerika ist es nicht sehr üblich, im Lebenslauf das Geburtsdatum zu nennen oder ein Foto mitzuschicken. Falls Sie darauf auch verzichten wollen, sollte Ihnen kein Nachteil entstehen.

F/T
..ist die Abkürzung für Fulltime. Es handelt sich also um einen Vollzeitarbeitsplatz. Nun wissen Sie auch, was P/T heisst.

Ihre Bewerbung
Die Art und Weise der schriftlichen Bewerbung ist wieder einmal wunderbar unkompliziert. Eine Bewerbung in Amerika besteht zunächst nur aus dem Anschreiben und Ihrem tabellarischen Lebenslauf, Resume genannt. Beides sollte selbstverständlich in englischer, möglichst fehlerfreier Sprache geschickt werden. Keine Zeugnisse, keine Arbeitsproben - nichts weiter ist mitzusenden.
Obendrein ist es wie schon gesagt gang und gäbe, diese Bewerbungsunterlagen bei Bedarf und Möglichkeit per email oder Telefax an den Stellenanbieter zu senden. Wenn Sie sich also für diesen schnellen und kostengünstigen Weg entscheiden, so resultiert kein Nachteil für Ihre Bewerbung daraus. Nicht immer melden sich die Arbeitgeber bei Ihnen um abzusagen.
Der mit Abstand wichtigste Bestandteil einer jeder Bewerbung ist der Resume, der Lebenslauf. Einige Muster finden Sie weiter unten. Falls Sie per email senden, gibt es einige Dinge zu beachten:

- Nicht codiert senden. Die Arbeitgeber haben keine Zeit und keine Lust, sich um die Decodierung zu kümmern.

- In ASCII Text schreiben (das ist die »Schreibmaschinenschrift«, keine besonderen Schriften verwenden)
- Vor dem Absenden an den Arbeitgeber einmal zum Testen an einen Freund oder an Ihre zweite emailanschrift schicken.
- Auch bei Emailkorrespondenz sollten selbstverständlich Grammatik und Rechtschreibung in Ordnung sein.

Ihr Resume weltweit zum Abruf.

Mit dem gesellschaftlichen Wandel vollziehen sich auch eine große Zahl von Veränderungen im persönlichen Leben. Eine davon ist, das Sie heute kostenlos die Möglichkeit haben, sich selbst auf der ganzen Welt zu präsentieren bzw. Ihren Lebenslauf weltweit zum Abruf auszustellen. Dabei gibt es meiner Meinung nach nur einen entscheidenden Nachteil: ein Sperrvermerk ist wirkunglos. Wenn Sie also aus Geheimhaltungsgründen Ihren jetzigen Arbeitgeber über Ihre Jobsuche im Dunkeln lassen wollen *und* glauben, das der dauernd auf dem WWW nach Ihren Unterlagen Ausschau hält, dann kommt diese Möglichkeit nicht für Sie in Frage.

Der Lebenslauf

Ihr Lebenslauf ist der einfachste Weg, um potentielle Arbeitgeber über Sie und Ihre Fähigkeiten auf knappsten Raum zu informieren. Er ist Ihr Marketingwerkzeug, mit dem Sie Ihre Kenntnisse und Fähigkeiten zum Verkauf anbieten! Dabei stehen Sie möglicherweise im Wettbewerb mit Hunderten anderer Bewerber. Versuchen Sie mit Fakten, Stil und ein klein wenig Unkonventionalität hervorzustechen. Ein guter Tip ist es auch, Ihre Muttersprache „Deutsch" hervorzuheben (und alle anderen Sprachen, die Sie beherrschen). Zur der Zeit, als ich dieses Manuskript schrieb, hatte das Microsoft Headquarter im Internet neben vielen anderen ca. 10 Vollzeit-Stellen ausgeschrieben, für die fliessendes Deutsch Einstellbedingung war.
In den USA werden im allgemeinen unterschiedliche Aufbauarten unterschieden, die Sie in den nachfolgenden Mustern finden. Die üblichen Regeln wie sich kurz und präzise halten und wenig »ich« verwenden, gelten hier genau so. Auch

das Erscheinungsbild ist wichtig wie eh und je. Liefert es doch einen, oder besser, *den* ersten Eindruck über Sie.

Das Anschreiben

...gehört immer dazu. Einzige Ausnahme: Der Arbeitgeber sagt, das er keines haben möchte. Das kommt vor. In allen anderen Fällen dient es dazu, Sie interessant zu machen. Deshalb sollten Sie durchblicken lassen, das Ihnen die Firma nicht unbekannt ist (nahezu jede amerikanische Firma repräsentiert sich auf dem Internet. Auf deren homepage können Sie sich umfangreiche Informationen über die Firma zusammen suchen), auf welchen Gebieten Sie umfassendes Informationen und welche Fähigkeiten und Erfahrungen Sie besitzen. Treffen Sie klare und prägnante Aussagen. Wichtige Details gehören in dieses Schreiben, nicht in den Lebenslauf. Das Anschreiben sollte die volle Anschrift der Firma tragen und auf dem selben Papier wie der Resume gedruckt sein (möglichst Laserdrucker), falls Sie per Post verschicken oder der Arbeitgeber eine Hardcopy anfordert. Und wie immer, richtige Gammatik und Rechtschreibung nicht vergessen. Die Gliederung ist immer die gleiche:

Einleitung. Sagen Sie, wer Sie sind und wie Sie auf die Stelle aufmerksam geworden sind. Falls es sich um eine Empfehlung handelt, nennen Sie die Referenz beim Namen.
Zur Sache. Zeigen Sie Interesse an der Firma und an der ausgeschriebenen Stelle. Sie können auch erzählen, was Sie alles unternommen haben, um mehr über die Firma zu erfahren. Gehen Sie auf kürzliche Nachrichten oder sonstiges ein, das mit der Stelle und der Firma in Verbindung steht.
Zusammenfassung. Kurzes Ansprechen der höchsten Ausbildung/Erfahrung und Praxis/Tatsachen, die nicht in den Lebenslauf gehören.
Vorbeugung. Klären Sie eventuelle Missverständnisse auf, die beim Lesen des Resumes eventuell entstehen könnten. Zum Beipiel nicht erklärte Zeitabschnitte. Offenheit wird sehr hoch angesehen.
Abschluß. Beenden Sie Ihren Text mit einer Bemerkung über den nächsten Schritt (sich freuen auf eine Einladung etc.)

Das Bewerbungsgespräch

Mit voranschreitender Zeit und etwas Glück werden Sie zu einem Vorstellungsgespräch, dem sogenannten interview, gebeten. Halten Sie sich zu diesem Zeitpunkt noch in Europa auf, kommt es vor, das Sie zu einer befreundeten Firma oder einer Vertretung der Firma in Europa eingeladen werden. Oder man fragt Sie nach Ihrem nächten USA-Aufenthalt bzw. führt ein etwas längeres Telefonat mit Ihnen. In manchen Fällen, besonders wenn es um einen hochqualifizierten Job geht, schickt Ihnen die Firma auch ein Flugticket. In Amerika erfolgt die Einladung zum Bewerbungsgespräch oft unkompliziert durchs Telefon.

Dieses erste Gespräch hat immer den gleichen Zweck, wie überall sonst in der Welt auch. Die Firma möchte nach einer ersten Vorsortierung herausfinden, ob Sie dazu »passen« und Sie möchten wissen, ob die Firma Ihnen »paßt«.

Gute Vorbereitung heißt der Schlüssel zum Beeindrucken des Arbeitgebers. Je mehr Hintergrundwissen Sie beim Gespräch besitzen, desto besser. Die interviews (engl.) laufen oft nach dem gleichen Schema ab: Zunächst beantworten Sie die Fragen nach Ausbildung und Erfahrung, danach stellen Sie Fragen über die Stelle. Seien Sie also vorbereitet. Und weil die Arbeitgeber wissen das Sie das wissen, sollten Sie wenigstens Ihren Werdegang in einigermassen flüssigem Englisch erzählen können. Vor Beginn des Gespräches werden Sie gebeten, einen Personalfragebogen auszufüllen. Ziemlich überflüssig, weil Sie damit nur Ihre Daten wiederholen, diesmal aber in das firmeneigene Formular.

Denken Sie bitte auch an die ersten 60 Sekunden des wichtigen ersten Eindruckes. Die Grundregeln wie pünktlich sein, ein fester Händedruck, in die Augen schauen und Lächeln sind fast überall auf der Welt die gleichen. Aus Sicht Ihres Gesprächspartners gibt es nur ein Ziel. Nämlich herauszufinden, ob und wie gerade Sie der Firma helfen können. Denken Sie bei allen Ihren Antworten UND Fragen daran.

Wenn Sie selbst dann an der Reihe sind, dürfte es taktisch nicht besonders klug sein, mit der Frage nach dem Gehalt zu beginnen. Sprechen und verhandeln Sie möglichst nicht über das Gehalt, bevor Sie ein joboffer erhalten haben. Auch wenn

Ihr Gesprächspartner bereits im ersten Vorstellungsgespräch nachfragt, antworten Sie am besten so etwas wie »Ich bin da relativ flexibel und würde gern auf diesen Punkt zurückkommen, sobald ich etwas mehr über die Aufgaben weiß«.
Stellen Sie besser Fragen nach Hierarchien und detailierten Aufgaben und vergessen Sie nicht, sich für die Einladung und die Zeit zu bedanken. Wenn der Arbeitgeber an Ihnen interessiert ist, wird er Ihnen in einem zweiten Gespräch ein Angebot unterbreiten UND erwarten, das Sie es verhandeln. Manchmal erhalten Sie das Angebot auch telefonisch oder schriftlich. Wenn Sie es ganz korrekt machen möchten, bereiten Sie noch einen Danke-Brief vor und senden Ihn nach dem Interview ab. Das kann manchmal helfen. Hier einige Tips zum Verhalten im Bewerbungsgespräch:

- Vermeiden Sie es möglichst, den vorgeschlagenen Termin zu ändern. Das würde eventuell als nicht ausreichendes Interesse an der Stellung ausgelegt.
- Übertreiben Sie nicht mit Ihrer Kleidung am Vorstellungstag. Das gilt sowohl für Damen als auch für Herren.
- Je besser Sie englisch sprechen, umso vorteilhafter für Sie.
- Bedrängen Sie den Arbeitgeber nicht mit unangenehmen Fragen oder zunächst ungewöhnlichen Forderungen. Der Personalbearbeiter oder Firmeninhaber hat eine große Auswahl an Bewerbern und fühlt sich sofort unwohl bei Streß, Hektik etc.
- In Amerika zählt fast ausschließlich Ihre Leistung und Erfahrung, fast gar nichts Ihre Ausbildung. Sie werden mit einem Argument wie »...aber ich bin doch studierte Dipl.-Mathematikerin« weder einen Arbeitsplatz bekommen noch, falls Sie schon einen haben, ein höheres Gehalt durchsetzen.

Haben Sie erstmal einen Arbeitsvertrag erhalten, werden Sie als Europäer in der Regel gute Karten haben. So objektiv ausgedrückt, wie es mir nur möglich ist, die Ausbildung in Europa verglichen mit derjenigen in Amerika ist gut. Ihre Ausgangsvoraussetzungen sind also gar nicht so schlecht.

Das Angebot

Wie schon gesagt, der Arbeitgeber erwartet ein Verhandeln. Und es wird von Ihnen erwartet, flexibel zu sein. Bevor Sie ein Angebot akzeptieren oder ein Gegenangebot unterbreiten, überlegen Sie sich bitte, ob die Stelle und Firma Ihren Vorstellungen in etwa entspricht. Bedenken sollten Sie dabei, das gerade in Amerika nicht unbedingt allein die Höhe der Gehaltes aussagekräftig ist. Da alles verhandelbar ist, sind die Zusatzleistungen viel breiter gefächert als in Europa. Ob Firmenwagen, Gewinnbeteiligung, Aktienpakete, eigenes Spesen-Abrechnungskonto, oder komplette Zahnarztkostenübernahmen - alles ist möglich und muß im Angebotsvergleich berücksichtigt werden. Sogar die offizielle Genehmigung zur Beschäftigung von Firmen-Buchhaltern und -Rechtsanwälten für Ihre privaten Zwecke ist bekannt.
Diese Zusatzleistungen können bis zu 40% des Grundgehaltes ausmachen und müssen deshalb bei der Abwägung berücksichtigt werden.
Ist es dann zu einer mündlichen Einigung gekommen, ist es keine schlechte Idee, einen Brief an die Firma zu schicken, in dem alle Diskussions- bzw. Einigungspunkte nocheinmal schriftlich zusammengefasst werden, um Mißverständisse zu vermeiden.
Eine in Europa nicht übliche Tatsache ist die, das viele Arbeitgeber vom Bewerber verlangen, sich vor der Einstellung einem Drogentest zu unterziehen sowie einen Backgroundcheck durchführen zu lassen. Der Drogentest wird von registrierten Laboratorien durchgeführt und stellt Alkoholabhängigkeit genauso fest wie den Gebrauch von Heroin, Kokain usw. Fällt er positiv aus, haben Sie auch bei noch so guten Zeugnissen und Fähigkeiten keinerlei Chance auf den Job. Der Backgroundcheck wird von Datenagenturen im Auftrag durchgeführt und listet dem Arbeitgeber alle eventuellen Gesetzeskonflikte der vergangenen Jahre. Die jeweiligen Kosten werden vom Arbeitgeber übernommen. Das hat sich als Standard eingebürgert. In diesem Zusammenhang sei noch erwähnt, das nahezu alle Firmen in den USA No-smoking Bereiche sind.
Und nun - viel Erfolg für Ihre Bewerbung!

7.2 Anschreiben und Lebenslauf - Muster

Nachfolgend finden Sie Muster für Lebensläufe, Anschreiben und einen Dankesbrief in englischer Sprache. Es handelt sich dabei um authentische Schreiben in üblichem Businessenglisch. Es wurden mit Absicht umfangreiche Schreiben ausgewählt, damit Sie eine große Auswahl an englischen Ausdrücken vorfinden, die auch auf Ihre Verhältnisse passen könnten. Machen Sie sich deshalb bitte keine Sorgen, falls Ihre persönliche Version nicht so viele Daten enthält. Quantität bestimmt nicht über den Erfolg.

MUSTER. Der Skills-Based Resume

Michaela Mustermann
Sowiesostraße 95
12345 Irgendwostadt
Germany
Phone 01149-69-1234567

(Es dem Arbeitgeber einfach machen, lautet die Devise. 01149 ist die US-Vorwahl für Deutschland. 01141/01143 respektive für Schweiz/Österreich. Die Null der Stadtvorwahl wird weggelassen.)

Objective
To gain firsthand technical medical experience, while applying a varied medical and management background and pre-medical education.

Medical Experience
Williams College First Responder, Williams College,
Williamstown, MA
Sept. 1993 to Dec. 1994

Worked weekly 12-hour call shifts. Answered campus medical emergencies with EMTs. Treated emergency injuries.

Health Service Worker, Williams College
Sept. 1993 to Dec. 1994

Created and ran AIDS outreach and prevention program. Provided medical transport for patients. Wrote campuswide informational letters and medical releases for school newspaper. Oversaw office management.

Dialysis Technician, Crozier-Pajaro Dialysis Unit, Pajaro, PA
July 1994 to Sept. 1994

Responsible for set-up and take-down of dialysis machines. Removed IVs, patched up patients, took BPs, checked charts and administered medication. Maintained dialysis machines.

Medical Intern, Clark Medical Center, Springfield, MA
Dec. 1993 to March 1994

Worked with doctors to view various aspects of medical care. Aided office administrator in preparation of medical center reports. Gained exposure to general practitioning, surgery and neighborhood health clinics.

Other Experience
Sales Associate, Ann Taylor, Chicago, IL
June 1995 to Present

Brought in $500,000 in sales of women's separates. Managed client book services and customer service issues. Coordinated donations of goods to local homeless charities.

Manager, Finlandia, Middletown, PA
June 1992 to Sept. 1992

Sold $20,000 worth of merchandise at artist's boutique and clothing store.
Managed staff of five. Founded apprentice program for young artists.

Education
Williams College, Bachelor of Arts, Biochemistry
Degree earned in May 1995
Pre-medical degree equivalent with concentrations in biology and chemistry.

Kings College, London, England
Jan. 1993 to June 1993
Completed studies in biology, anatomy and Spanish language.

MUSTER. Der Chronological Resume

Anna Bolika
Cashstraße 66
12345 Dollerdemark
Germany
Phone 10.000.000$

Certification
Certified Public Accountant, Texas

Professional Experience
BigTime Computer Services LTD., Austin, TX
Assistant Treasurer — July 1995 to Present

Manage corporate case of $35 million to $50 million in various tier-one investment facilities, including commercial paper, repurchase agreements, Eurodollars and collaterialized mortgage obligations.Assist in negotiating covenants, closing and syndicating a $90 million credit facility. Also responsible for amending loan facilities and covenants, setting up letters of credit and co-managing the corporate banking relationships with eight lending institutions. Responsible for negotiating bank fees, approving wire transfers and setting interest rates on loans.

Accountant, Corporate Acquisition Team — June 1994 to July 1995
Evaluated potential acquisition candidates, drafted confidentiality agreements, wrote letters of intent and managed the financial due diligence for acquisition target companies. Prepared financial acquisition models, financial turnaround and shutdown strategies. Wrote and presented Board of Directors' approval packages and reviewed definitive acquisition agreements.

Senior Fina
ncial Analyst — July 1992 to June 1994
Completed due diligence on acquisition candidates, prepared financial acquisition models and financial business plans. Prepared internal financial models and assisted with closing bank credit facilities and setting loan covenants. Researched, composed and issued the company's quarterly letter to shareholders, with complete financial statement analysis. Led fraud prevention team, implemented procedures to prevent check fraud, and coordinated team, including local and federal authorities, to arrest check fraud criminals.

Hughes & Springer, Dallas, TX
Audit Senior Associate — June 1990 to July 1992

Audited accounts and procedures for oil, gas, manufacturing and banking industries.
Managed audits for private and public companies. Coordinated overall engagement administration, including planning and supervising fieldwork, preparing and reviewing financial statements and ensuring the profitability of the engagement. Supervised bank closing teams for RTC projects and researched various accounting issues. Instructed staff training courses. Member of the firm's college recruiting team.

Audit Associate — Sept. 1988 to June 1990
Audited accounts for the oil and gas industries.

Education

University of Texas at Austin, Austin, TX
Bachelor of Business Administration, Accounting; degree
earned Aug. 1988

Computer Skills
Lotus 1-2-3, Excel, Microsoft Word, WordPerfect, Harvard Graphics

MUSTER. Begleitschreiben

Capt.
James T. Kirk
Starship Enterprise, Command Chair
Starfleet Federation Quadrant 21.256.3
HyperspacePhone USS1000010011011010101000101 0 (sauteuer!)

May 29, 1998

Paul Smith
Director of Human Resources
Saint Joseph Hospital
1212 N. Seville St., 10th Floor
Springfield, CA 60661

Dear Mr. Smith:

Enclosed is a copy of my resume in response to your advertisement for a purchasing manager in the May 29 Middletown Gazette.

With more than 15 years of experience in health care purchasing and a proven record of accomplishments, I believe I am qualified for this position.

In the past two years, as the Assistant Director of Purchasing at Brodsky Memorial Hospital, I have honed my communications and teamwork skills. In that position, I have helped develop hospital-wide policy and procedures for supply procurement, capital equipment and service agreement purchasing. I also am responsible for a staff of 20, and have worked with several key departments in the hospital. My experience includes:

Purchasing, receiving, inventory control and distribution
Contract negotiations, supplies and equipment
Logistics, patient and equipment transportation
Capital equipment evaluation and purchasing
Expertise in computerized management of materials, spreadsheets, databases, word processing and other projects
Maintenance agreement analysis and purchasing
Health care materials management and systems consulting

I look forward to discussing my background and accomplishments with you and learning more about your needs. I will call next week to arrange a time to meet.
I can be contacted during the day at (209) 555-1244, or you may leave a message with my answering service at (209) 555-5285.

Thank you for your consideration.

Sincerely,

James T. Kirk

MUSTER. Dankeschön-Brief

Gerhard Schröder
Sackgasse No. 1a
0000 Nizwissenmachtnix
Tel: An der Datenautobahn

Ms. Monica Lewinsky
Employment Specialist
XYZ Company
618 N. Grand
Tustin, IL 60643

January 31, 1999

Dear Ms. Lewinsky:

It was a pleasure to meet with you Monday morning. You gave me a good understanding of the Marketing Executive position and I enjoyed our discussion. I believe I can apply my background in the bottling industry and in sales to help you achieve your goal of increasing XYZ's penetration in the East Coast market.

Over the past 10 years, I have honed my selling skills to produce solid sales figures for my employers. My ability to identify potential buyers, consolidate information from multiple sources and form strategies has proven successful in discovering untapped customers and convincing them to buy. I'd like to put my experience and skills to work for you.

I am truly interested in and feel well qualified for your Marketing Executive position. It is just the kind of challenging opportunity I have been seeking, and I hope we can meet again soon for further discussion. I can be reached during the daytime at (444) 555-2465.

Thank you again for your time and interest.

Best regards,
Dein Gerhard

7.3 Berufsbezeichnungen

Accountant	Buchhalter
Administrative Assistant	Verwaltungsangestellter
Advertising Artist	Werbezeichner
Agricultural	Landwirtschaftsbezogene Berufe
Auto Mechanic	Automechaniker
Automotive	Kfz-Technik bezogene Berufe
Baker	Bäcker
Barrister	Rechtsanwalt an höheren Gerichten
Biologist	Biologe
Bookkeeping cleerk	Kontorist
Care worker	Fürsorgedienst
Carpenter	Zimmermann
Chamberperson	Zimmermädchen
Chemist	Chemiker
Civil engineer	Bauingenieur
Clerk	Bürohilfe
Cook	Koch
Dentist	Zahnarzt
Dishwasher	Küchenhilfe
Draftsperson	Technischer Zeichner
Economist	Wirtschaftsfachmann
Electrician	Elektriker
Editor	Redakteur
Engineer	Jede Form von Ing., auch Mechaniker
Farmer	Landwirt
Hairdresser	Friseur
Heavy equipment operator	Kran-/Baggerführer
Insurance salesperson	Versicherungsvertreter
Librarian	Bibliothekar
Miner	Bergwerksarbeiter
Nurse	Krankenschwester
Optician	Optiker
Painter	Maler
Panel beater	Karosseriebauer
Pharmacist	Apotheker
Physician	Arzt
Plasterer	Verputzer
Plumber	Klemptner
Real estate agent	Immobilienmakler
Receptionist	Empfangsperson

Researcher	Forscher
Salesperson	Verkäufer
Sales representative	Handelsvertreter
Secretary	Sekretärin
Security Guard	Wachmann
Sheet metal worker	Blechschlosser
Social worker	Sozialarbeiter
Solicitor	Rechtsanwalt,-beistand
Surveyor	Sachverständiger
Teller	Bankangestellter
Truck driver/mechanic	LKW-Fahrer
Veterinarian	Tierarzt
Welder	Schweißer

7.4 Selbständig

An nur wenigen anderen Orten auf dieser Welt ist der Weg in die Selbständigkeit verwaltungstechnisch unproblematischer als in Amerika. Als freiheitsliebendes Volk ziehen Amerikaner, weit mehr als Europäer, die selbständige Tätigkeit einer angestellten vor. Tatsächlich gibt es einen weit größeren Anteil von Kleingewerbetreibenden an der Gesamtbevölkerung als in Deutschland.

So ist zum Beispiel ein Meisterbrief unbekannt und damit natürlich auch nicht erforderlich. Einer selbständigen Tätigkeit als z.B. Plumber (engl. für Installateur) kann im Prinzip jedermann nachgehen, der Lust dazu hat und sich befähigt glaubt. Nur der Markt entscheidet. Die finanzielle Situation des durchschnittlichen, kleineren Selbständigen ist allerdings nicht immer überragend und die Randbedingungen wie etwa die Arbeitszeiten und soziale Absicherungen sind eher hart. Der Wettbewerb in vielen Marktbereichen ist stark und der Staat hat seine Aufsichts- und Kontrollfunktion auf ein Mindestmaß beschränkt.

Wenn Sie aber eine gute Idee oder ein neues, interessantes Produkt haben, dann wird es Ihnen im wahrsten Sinne des Wortes einfach gemacht, Geld zu scheffeln. Geringer Bürokratismus und eine Unzahl an kostenfreien Programmen, mit denen Gründer unterstützt werden, helfen sehr. Die zahlreichen öffentlichen Bibliotheken beraten Sie jederzeit gern und umfassend. Überhaupt wird Ihnen dort Hilfestellung geboten, die ihresgleichen sucht. Sie erhalten Einsicht in alle Patente, Firmenregister und vieles mehr.

7.5 Rechtsformen

Grundsätzlich bestehen für eine Firmengründung ähnliche Möglichkeiten wie in Europa. Allerdings bei voller Gewerbefreiheit, wie sie in Deutschland nicht existiert.
Den nichtvorhandenen Meisterbrief hatten wir schon erwähnt und es geht weiter. Für die Gründung einer GmbH oder sogar Aktiengesellschaft, gibt es im Gegensatz zu Deutschland keine Mindestkapitalvorschrift. Sie benötigen keine 50.000 DM, auch keine 10.000, theoretisch reichen $100. Die mit Abstand am häufigsten gewählte Gesellschaftsform ist die der Corporation, abgekürzt im Firmennamen mit „Corp." oder „Inc." (Abk. für incorporated).
Die Eintragung können Sie selbst vornehmen, müssen also keinen teuren Notar bezahlen (obgleich der manchmal hilfreich sein kann, besonders bei Ihrer ersten Anmeldung).
Allerdings gibt es genau wie bei den angestellten Tätigkeiten auch bei den Selbständigen besondere Genehmigungspflichten für manche Berufe (siehe Angestellt in Amerika). Zu diesen besonderen Berufsgruppen gehören Mediziner jeder Fachrichtung ebenso wie Elektriker oder Bauingenieure.
Die Registrierung einer Firma erfolgt in den USA meistens durch die Division of Corporations, eine Abteilung des State Departments. Dort wird wie folgt definiert:

Einzelfirmen

- Ein **Fictitious name** ist jede Bezeichung, die nicht der gesetzliche Name einer natürlichen Person ist. Diese Art von Registrierung ist notwendig, wenn Sie als Einzelfirma nicht Ihren Namen benutzen wollen, sondern etwa „Doro's Donuts" oder so ähnlich. Im Unterschied zur Corporation dient der fiktive Name ausschließlich Registraturzwecken, ist nicht geschützt und kann mehrfach vergeben werden.

Gesellschaften

- Eine **corporation** bezeichnet eine legale »Einheit«, die durch die administrative Gewalt (Staat) eingetragen und genehmigt ist und über alle Rechte und Pflichten einer natürlichen Person verfügt (damit ist natürlich das Wirtschaftsleben gemeint. Wählen gehen darf Ihre Müller, Inc. nicht!).

- Eine **For profit corporation** ist eine corporation, die für die Durchführung von Geschäften im weitesten Sinne eingerichtet ist.
- Eine **Foreign corporation** ist eine corporation, die von einer ausländischen (hier sind die anderen 49 Staaten der USA gemeint!) administrativen Gewalt eingetragen und genehmigt wurde, um Geschäfte durchzuführen.
- Eine **Alien corporation** ist eine corporation, die von einem ausländischen administrativen Rechtskörper eingetragen und genehmigt ist, die nicht zur USA oder ihrer Kolonien gehört.
- Eine **General Partnership** ist eine Gesellschaft von 2 oder mehr gleichberechtigten Personen, um Geschäfte mit dem Zweck der Gewinnerzielung durchzuführen. Alle beteiligten Personen haften unbeschränkt mit ihrem Privatvermögen und besitzen gleichverteilte Stimmrechte. Limited Partnership ist ebenfalls möglich.
- Eine **Limited liability company** ist eine vermischte Form von Teilen einer corporation, kombiniert mit den Steuerverpflichtungen einer partnership.

Nicht-gewinnorientierte Gesellschaften

- Eine **Not for profit corporation** ist eine corporation, die für religiöse oder soziale Zwecke eingerichtet ist. Sie darf Gewinne erzielen, muß diese aber für anerkannte soziale oder religiöse Zwecke verwenden.

Produktschutz

- Ein **Trademark** oder **Service Mark** ist ein Namens- oder Logorecht, das eine natürliche oder juristische Person besitzt, um ein bestimmtes Produkt oder einen bestimmten Service eindeutig zu identifizieren. Es wird ein hoher Anteil an Kreativität und Originalität verlangt, um ein solches Markenzeichen zu erhalten.

Tip
Die Einrichtung einer Corporation kann einen steuerlichen Nachteil haben, der darin besteht, das der Firmengewinn quasi zweimal versteuert werden muß: Einmal von der Firma, ein zweites Mal von Ihnen, dem Firmeninhaber. Das ist nicht besonders schön, auch wenn der Steuersatz niedriger ist als gewohnt. Um dieses Ungeschick zu vermeiden, gibt es die S-Corporation. Dieser Status wird jedoch **nicht** von der Division of Corporations, sondern vom Finanzministerium IRS ausgegeben - und zwar, nachdem eine corporation eingerichtet wurde. Der S-Status hat neben der Einfachbesteuerung ausserdem den großen Vorteil, das Verluste im ersten Firmenjahr von anderem Einkommen der Shareholder oder Besitzer abgezogen werden dürfen. Klingt das gut? Ja, finde ich auch! Deswegen hier gleich der Nachteil: Nur Amerikaner oder GreenCard Besitzer - kurz Legal Residents - dürfen shareholder einer solchen S-corporation ein. ...und noch ein Grund, für die GreenCard zu optieren.

Selbstverständlich gibt es auch in Amerika die verschiedensten Formen von Trusts, steuerbefreiten oder steuerbefreienden Vereinen usw. Über diese Fälle kann dieses Buch aus offensichtlichen Gründen nicht umfassend und schon gar nicht individuell informieren. Bitte setzen Sie sich mit einen Anwalt oder geprüften Buchhalter in Verbindung, falls Sie an diesen Formen interessiert sind.

7.6 Ihre Firma eintragen

Wie weiter oben schon erwähnt ist in den meisten Fällen die *Division of Corporations*, eine Abteilung des jeweiligen State Departments für Firmeneintragungen, Anschriften-änderungen etc. zuständig. Auch diese Regierungsstellen sind stark im Internet vertreten und behandeln bereits die übers Net eintreffenden Eingänge bevorzugt gegenüber der »normalen« Post. Alle Kontakte und Anfragen stellen Sie entweder über das Internet oder die Postanschrift her. Falls Sie jetzt gleich mal schauen wollen, die kalifornische Division of Corporations erreichen Sie unter:

Sofort-Kontakt

http://www.ss.ca.gov/business

Ihr Firmenname

Wenn Sie jetzt wissen möchten, ob Ihr Wunschfirmenname noch verfügbar ist, oder sich die Anmeldeformulare sofort ausdrucken lassen wollen...verwenden Sie bitte die obige WWW-Anschrift für weitere Informationen und Postanschriften.

Nach derzeitigem Stand (1999) müssen in Kalifornien alle Anfragen bezüglich Verfügbarkeit eines Firmennamens, Bestellung von Anmeldeformularen etc. entweder per Post oder in Person erfolgen. Nicht einmal email als Bestellform wird akzeptiert. Weshalb der Staat darauf besteht bleibt rätselhaft - zumal viele andere US-Bundesstaaten sich völlig auf das Internet verlegt haben, wo man alle möglichen Auskünfte bequem vom Schreibtischsessel aus bekommen kann.

Immerhin bietet die Behörde eine schnelle Antwort per Fax an. Doch jedesmal werden ein paar Dollar als Bearbeitungsgebühr fällig.

Unter zwei Umständen ist Ihr Wunschname verfügbar: Einmal, wenn er überhaupt noch nicht vorhanden ist, und zweitens wenn er unter dem Status »inactive« angezeigt wird. In allen anderen Fällen müssen Sie sich einen anderen Firmennamen ausdenken. Ihre Firma einzutragen ist einfach. Als Angaben benötigen Sie nichts weiter als

- Den Firmennamen. Dieser muß (im Corporationfall, das sind die weitaus meisten) den Zusatz »Corporation«, »Corp.«, »Incorporated«, »Inc.«, Company« oder »Co.« enthalten. Enthält der Name nichtenglische Ausdrücke, die kein Personenname sind, dann muß eine beglaubigte Übersetzung beigefügt sein.
- Den Firmensitz und die Postanschrift.
- Die Anzahl der shares (Anteile, Aktien), die ausgegeben werden.
- Der vollständige Name und die Anschrift des offiziellen Firmenvertreters (registered agent). ER vertritt die Firma in Streitfällen. Dabei kann es sich um eine natürliche oder juristische Person handeln (eine juristisceh Person ist eine offiziell eingetragene Firma). Dieser Agent muß persönlich unterzeichnen. Die einzige Voraussetzung an ihn besteht darin, das er Resident von Kalifornien sein muss.

- Der Incorporator, das sind entweder Sie selbst oder Ihr Anwalt, muß unterzeichnen.

Nachdem Sie den Namen gewählt haben, füllen Sie die Formulare aus, bestimmen den agent (das ist diejenige Person, die die Firma tatsächlich vertritt. Das können nur Sie selbst sein, wenn Sie sich permanent am Firmensitz aufhalten bzw. in Kalifornien wohnen) und senden diese Angaben zusammen mit der entsprechenden Gebühr (siehe weiter unten) einfach an die Division of Corporations.
Alle notwendigen Unterlagen bekommen Sie jetzt und sofort auf dem Internet. Die Formulare können Sie entweder sofort zuhause ausdrucken lassen oder am Bildschirm zur Übersendung per Post bestellen. Dazu klicken Sie einfach auf: »corporations«, »how to obtain filing forms«, »download the form« ODER »receive the form by mail.«
Auf Wunsch werden Ihnen Kopien dieser Dokumente auch zugefaxt. Dokumente, die nicht auf dem Net verfügbar sind (etwa aus der weiter zurückliegenden Vergangenheit), können Sie per Kopie für $4 pro Blatt erhalten. Falls sich dann irgendwann einmal die Geschäftsanschrift ändert, wird auch die Eintragung der Änderung am besten per Internet und email durch geführt. Nur im Falle, das sich die Anschrift des agents ändert, ist das Ausfüllen eines Formulars (auch übers www) und eine Gebühr fällig.
Ab der Anmeldung benötigen Sie die Firmenutensilien. Um Stempelerstellung, Aktiendruck etc. müssen Sie sich dann selbst kümmern. Aber das ist ja bloß reine Verwaltungssache. Viele Firmen in den USA, sogenannte Business Form suppliers und corporate service companies, bieten einen Komplett-Service an und verkaufen Ihnen alles, was Sie benötigen.

7.7 Gebühren für Firmeneintragungen (1998)

(Die fettgedruckten Positionen sind die Mindestanforderungen für eine Eintragung)

FICTIOUS NAMES	
Registration	$50,00
Cancellation	$50,00

Renewal	$50,00

PROFIT und NON-PROFIT CORPORATIONS

Filing Fees, Profit	**$100,00**
Filing Fees, Non-Profit	**$30,00**
Registered Agent Designation	**$35,00**
Amendment of any record	$35,00
Profit Annual Report	**$150,00**
Profit Annual Report (eingegangen nach dem 1.Mai)	$550,00
Articles of Correction	$35,00
Non-Profit Annual Report	$61,25
Certificate of Status	$8,75
Certified Copy of any record	$52,50
Change of registered agent	$35,00
Dissolution & withdrawal	$35,00
Foreign Name registration	$87,50
Foreign Name renewal	$87,50
Merger (per party)	$35,00
Reinstatement (Profit)	$600,00
Reinstatement (Non-Profit)	$175,00
Resignation of Reg, Agent (aktiv)	$87,50
(inaktiv)	$35,00
Revocation of Dissolution	$35,00

LIMITED LIABILITY COMPANY

Annual Report	**$188,75**
Annual Report (eingegangen nach dem 1. Mai)	$588,75
Certificate of Status	$8,75
Certified Copy of Record	$52,50
Florida Articles of Organization	$250,00
Foreign Registration	$250,00
Registered Agent Designation	$35,00
Registered Agent Resignation(active)	$87,50
Registered Agent Resignation(dissolved)	$35,00
Reinstatement	$500,00
Supplemental Affidavit	$250,00
Any Other Amendment	$52,50

PARTNERSHIP	
Registration	$50,00
Cancellation	$25,00
LIMITED PARTNERSHIP	
Registration	$52,50
(0,7% des Limitbetrages)	...$1.750,00
Registered agent Designation	$35,00
TRADEMARKS	
Trade & service Marks	$87,50
Trade & Service Mark assignment	$50,00
Trade & Service Mark renewals	$87,50

Unternehmensideen

Obwohl die Wirtschaft Amerikas nahezu jedes Marktsegment kennt und ausfüllt, gibt es doch noch viele berufliche Möglichkeiten. Große Marktchancen bestehen meiner Meinung nach für originelle (und praktikable) Ideen im Bereich der handwerklichen Produktion und Dienstleistung sowie im gesamten Tourismusbereich. Allerdings - Tourismus-Standardbetriebe wie Hotels/Motels/Autovermietungen gibt es wie Sand am Meer. Im Handwerk haben Sie mit einer europäischen, d.h. einer für den amerikanischen Standard guten bis sehr guten Ausbildung einen hervorragenden Stand. Falls Sie bei Ihren Selbständigkeitsplanungen an lukrativen Regierungsaufträgen interessiert sind, so gibt es eine interessante Quelle. Für alle kleinen Einkaufspositionen, das sind Bestellwerte bis zu $100.000, hat die USA nämlich eine Internet-Seite eingerichtet, auf der Sie sehen können, welche Aufträge gerade offen sind. Sie können dort sogar Ihr Angebot plazieren, ohne das ein aktueller Bestellauftrag besteht!

Sofort-Kontakt

http://www.sba.gov
http://www.gsa.gov

8.0 Cash - Finanzen und Steuern

Ja ja, das liebe Geld. Ganz ohne dieses Thema gehts natürlich nicht. Wo fangen wir an? Im Nochzuhause vielleicht. Falls Sie Ihre Zelte, die Sie abbrechen, nicht gerade in Tarnfarben beim Armyshop gekauft haben, würde ich vorschlagen, wenigstens ein Konto zuhause zu behalten. Oder vielleicht eher sonstwo in Europa. Das erleichert so manches und -man höre und staune-kann kostengünstiger sein als manche Transaktion in den USA. Hier sind nämlich die Banktransaktionen nicht gerade billig. Wie immer gilt, es gibt Ausnahmen. Doch beginnen sollten wir vielleicht mit dem Hereinkommen in die USA.

8.1 Einfuhr und Zollbestimmungen

Da gibts für den privaten Bereich gar nicht so viel zu sagen. Es existieren eine Unzahl von Vorschriften und Regelungen, die aber alle nur die Sonderfälle behandeln.
Grundsätzlich gilt: alle personel effects, das ist Ihr persönlicher Haushalts-Besitz, der nicht zum Verkauf bestimmt ist und sich seit mindestens einem Jahr in Ihrem Besitz befindet, ist von jedem Einfuhrzoll befreit. In konkreten Einzelfällen, z.B. wenn der Customs Officer durch besonders hohe Werte etwas misstrauisch geworden ist, kann er einen Nachweis fordern, das kein Verkauf etc. beabsichtigt ist.
Doch auch wenn Ihnen dieser Nachweis nicht gelingt, beträgt die Steuer oft »nur« 2%. Falls Sie sich aus irgendwelchen Gründen nicht um Ihr Zollgut kümmern, wird mit dem Ablauf von 6 Monaten die Ware auf öffentlichen Zollversteigerungen verkauft.
Nach meiner persönlichen Erfahrung ist der Umgang mit den Zollbeamten sehr freundschaftlicher, oft sogar handelbarer Natur, wenn Sie sich ein bischen unbürokratisch und »cool« geben. Falls Sie sich selbst ein Paket schicken oder per Post

ausländische Produkte an Ihre amerikanische Anschrift gesendet werden, so legt der US Customs den zu erhebenden Zoll fest und beauftragt die Poststelle, den Betrag einzuziehen. Es geht also sehr einfach, solange Sie damit einverstanden sind. Wenn Sie nicht einverstanden sind, können Sie direkt im Postamt einen Widerspruch schriftlich hinterlassen, den die Post an den Zollbeamten weiterleitet. Innerhalb von fünf Tagen muss eine Erklärung vorliegen.
Wichtig ist, das Sie am point of entry, das ist die Stelle, an der Sie offiziell den Boden der USA betreten, nicht gegen die Vorschriften verstossen. Auf Tiere oder verderbliche Lebensmittel etc. reagieren die Grenzer allergisch. Holen Sie bitte vorher genaue Erkundigungen ein. Für die Einfuhr von....gilt:

Bargeld (und Schecks, Tafelpapiere etc.)
No Limit. Weder rein noch raus. Allerdings - wenn der Betrag $10000 überschreitet, ist eine Anmeldung erforderlich (Customs Form 4790). Näheres bei: U.S. Customs, Currency & Foreign Transactions Reporting Act, 31 U.S.C. 1101.

Haustiere
Allgemein: Strenge Kontrollen. Im Besonderen: Katzen dürfen keine Anzeichen von Krankheiten aufweisen. Falls doch, kann der Officer direkt an der Grenze einen Tierarzt beauftragen, auf Ihre Kosten eine Untersuchung durchzuführen. Hunde: dito. Vögel: dito, Quarantäne auf Ihre Kosten kann angeordnet werden.
Eine Wort-für-Wort-Übersetzung aus den US-Customs Richtlinien: »Nicht menschliche Primaten und ähnliche dürfen nicht eingeführt werden«.

Lebensmittel
Besser nicht, es sei denn, in Konservendosen.

Kraftfahrzeugen
müssen den Standards der Environmental Protection Agency (EPA) hinsichtlich der Abgase and denen des Department of Transportation (DOT) hinsichtlich der Sicherheit entsprechen. In Kalifornien selbst gelten zusätzlich strenge Vorschriften und es wird eine nicht unerhebliche Gebühr für das erstmalige

Zulassen eines gebrauchten Fahrzeuges in Kalifornien erhoben. Weitere Informationen gibts bei bei: Environmental Protection Agency, Attn: 6405J, Washington, D.C. 20460, telephone (202) 233-9660 und dem Department of Transportation, Office of Vehicle Safety Compliance (NEF 32), Washington, D.C. 20590. Ein Broschüre dazu mit allen notwendigen Informationen gibts bei: Titel »Importing a Car and EPA's Automotive Imports Fact Manual«, U.S. Customs Service, P.O. Box 7407, Washington, D.C. 20044, or the Environmental Protection Agency.

8.2 Bankwesen und Zahlungsverkehr

In Kalifornien existiert ein gut ausgebautes Bankensystem, und der Wettbewerb funktioniert. Die Bezeichnungen, vor allem aber die Produkte und der Service unterscheiden sich teils von den den Bekannten in Europa. Ein kleiner Widerspruch ist, das im internationalen Touristenmagnet Kalifornien der Umgang mit ausländischen Währungen nicht so flutscht wie »zuhause«. Es zählt nach wie vor der Dollar, alle anderen Währungen laufen fast unter »ferner liefen«.

Etwas verrückt nach deutschen Masstäben ist: Die beste Bonität in Amerika geniesst nicht etwa derjenige, der immer schön brav bar bezahlt, ein Haus und ein Sparkonto besitzt und nie Schulden hatte. Als solcher Mensch werden Sie ein paar (nicht unüberwindliche) Probleme bekommen, überhaupt einen Kredit zu erhalten. Denn die beste Bonität geniesst in den USA ein Mensch, der möglichst viele Kredite immer schön pünktich oder sogar überpünktlich abbezahlt hat! Daran messen die Geldgeber Ihre Zuverlässigkeit und Ihre Bonität.

Das Zahlungssystem des Landes ist weit mehr als in Deutschland auf die Scheckzahlung und auf electronic cash, also dem Bezahlen an der Kasse mit Magnetstreifen-Karte und/oder Kreditkarte eingerichtet. Überweisungen sind bei Inland-Zahlungen immer noch eher selten und ein größerer bürokratischer Akt. Im allgemeinen unterscheidet man hauptsächlich zwischen zwei Kontenarten. Natürlich gibt es viel mehr als diese zwei im Vielfaltsland USA, doch dabei handelt es sich fast immer um Ableger der nun beschriebenen:

Das savings account
ist ein Sparkonto mit erweiterten Funktionen, so das es als Girokonto-light genutzt werden kann. Es werden Guthabenzinsen gezahlt und Sie erhalten eine der oben genannten Karten, die Ihnen den Zugriff auf Ihr Konto gestattet. Die Kontoeröffnung ist auch für Ausländer möglich und dauert oft nur ein paar Minuten inclusive der Ausstellung der Magnetkarte.
Viele Institute bieten dieses Konto kostenlos an, solange ein geringes Mindestguthaben nicht unterschritten wird. Ganz gleich, mit welchem Status und Ziel Sie in die USA einreisen, mindestens eins von diesen Konten sollten Sie sich gleich einrichten. Sie erhalten dann Zinsen auf Ihre Reisemittel, können am bequemen elektronischen Zahlungsverkehr teilnehmen und haben sich des Verlustrisikos entledigt. Geben Sie bei Kontoeröffnung unbedingt Ihren Besuchsstatus an, auch wenn es ein Langzeitbesuch sein sollte. Dann wird nämlich keine Zinssteuer einbehalten. Für Einwohner ist die Zinssteuer obligatorisch, allerdings kann der Abzug beim Lohnsteuerjahresausgleich geltend gemacht werden.
Die gezahlten Zinsen auf das Guthaben sind bei den meisten größeren Instituten marginal, doch mit etwas Suchen kann man durchaus 5% Zinsen bei täglich verfügbarem Geld ausfindig machen.

TIP
Achten Sie auf den Zusatz „FDIC-Insured" bei Bank und Konto. Dann sind Ihre Einlagen bis zu $100.000 durch den Bund abgesichert. Falls diese Versicherung für ein Konto nicht zutrifft, muss dieser Fakt ausdrücklich offengelegt werden. Das gilt für alle Institute und für alle Kontenarten.

Das cheque account
ist ein Konto, für das Sie wie der Name schon sagt zusätzlich zu den savings account Möglichkeiten ein Scheckbuch erhalten (allerdings nicht immer Guthabenverzinsung). Man benötigt es im alltäglichen Leben für die Zahlungen der Strom-, Telefon-, Autoreparatur- usw. Rechnungen. Wie oben schon erwähnt, wird die Überweisung zu diesen Zwecken erst langsam in den Markt eingeführt, weshalb die gesamte Wirtschaft darauf eingestellt ist, Scheckzahlungen per Post zu empfangen. Die

Konditionen für diese Konten sind sehr unterschiedlich, aber fast immer wird eine monatliche Grundgebühr berechnet. Obwohl dieses Konto auch für Besucher eingerichtet wird - das erste Scheckbuch könnten Sie zum Eröffnungstermin gleich mitnehmen - ist es meines Erachtens für Reisende nicht unbedingt erforderlich.

Tip
Mit etwas Suchen und Beachten der täglichen Zeitungsanzeigen lassen sich Banken finden, die ein solches Konto kostenlos anbieten.

8.3 Termini

ATM-Card

Sehr verbreitet sind elektronische Zahlungsvorgänge. An den sogenannten ATM's (automatic teller machine) - mit unseren Geldautomaten zu vergleichen - können mit einer zu jedem Konto gehörenden Plastikkarte plus Geheimzahl (PIN) Auszahlungen und Einzahlungen getätigt werden, Schecks eingereicht werden, der Kontostand kann ausgedruckt werden und Mitteilungen an die Bank können übermittelt werden. Darüberhinaus sind Supermärkte, Tankstellen, Kinos und viele andere Geschäfte mit Lesevorrichtungen ausgestattet, so das Sie wirklich ohne Bargeld durch den Tag kommen. Manchmal werden Gebühren für diese Zahlvorgänge berechnet. Wohlgemerkt, diese Konto-Karten sind kein internationales Zahlungsmittel, sie funktionieren nur innerhalb der USA. Internationale Kreditkarten werden überall akzeptiert.

Banquecheque

Da normale Verrechnungsschecks für die Bezahlung von höherwertigen Gütern wie zum Beispiel eines Gebrauchtwagens nicht akzeptiert werden, kennt man unter anderem den sogenannten Bankcheque. Dieser ist durch die ausstellende Bank garantiert und nicht personenbezogen. Ist also so gut und risikobehaftet wie Bargeld. Jede Bank stellt Ihnen einen über jeden beliebigen Betrag aus. Als unbekannter Kunde müßen Sie sofort den Gegenwert zuzüglich einer geringen Ausstellungsgebühr bezahlen. Bekannte und solvente Kunden erhalten auf Wunsch ein entsprechendes Scheckbuch.

Branch
...heisst einfach Zweigstelle. Branch Location als Broschüre oder auf dem Internetbildschirm informiert Sie über die genaue Lage der Zweigstellen. Innerhalb eines Institutes sind Sie in keinster Weise an Ihre kontoeröffnende Zweigstelle gebunden. Alle Transaktionen bis hin zur Kontoauflösung können und werden durch alle Zweigstellen durchgeführt, ohne das es irgendwelche organisatorischen Probleme gibt.

Brokeraccount
Aus dem Boden geschossen sind Internetaccounts, mit denen es möglich ist, in Echtzeit direkt an den Börsen Aktien zu kaufen und zu verkaufen. Angebote gibts sowohl bei den typischen Banken als auch bei den Brokerhäusern. Manche Anbieter offerieren ein Allroundkonto mit Kontoführung, CreditCard, Guthabenzinsen etc. Für Menschen, die ab und zu ein bischen investieren (nicht spekulieren) wollen, finde ich das eine sehr gute Lösung. Mit jedem Internet-Brokeraccount können Sie Ihr Depot von überall auf der Erde verwalten, Limits setzen, Stop Orders anlegen, verkaufen etc. Wenn Sie keine Aktien kaufen, oder gerade welche verkauft haben und das Geld verfügbar auf dem Konto liegt, erhalten Sie, im Vergleich zu Deutschland, hohe Guthabenzinsen von bis zu 5%.

CD (Certificates of Deposit)
Diese Kontoart ist das Adäquat zum bekannten Festgeldkonto. Es werden eine Unzahl an verschiedenen Laufzeiten, verschiedenen Beträgen und verschiedenen Zinssätzen angeboten. Ihre Einlage ist in der Regel (FDIC-Insured!) bis $100.000 voll abgesichert.

Deposit
Einzahlung

Direct Deposit

Dauerauftrag

Home Equity Loan

Spezieller Kredit mit niedrigem Zinssatz für Imobilienerwerb.

Moneymarket Account

ist ein Anlagekonto ähnlich zum oben genannten CD. Im Unterschied zu diesem können Sie innerhalb der Laufzeit in Grenzen über Ihr Guthaben verfügen und erhalten eventuell einen etwas höheren Zinssatz. Aber - die Einlage ist oft nicht versichert. Das heisst nun nicht, das das Risiko des Verlustes hoch ist. Schließlich gehen in den USA nicht dauernd die Banken pleite. Aber man sollte es wissen.

Moneyorder

Diese bargeldlose Zahlung ist dem Banquecheque ähnlich mit dem Unterschied, das Sie eine Moneyorder fast überall erwerben können. Zusätzlich zu Ihrer Bank verkaufen Ihnen auch Fremdbanken, Poststellen, Supermärkte etc. diese bequemen und sicheren Zahlungsmittel. Sie geben einfach den Betrag an und müssen diesen zuzüglich ca. $1 Gebühr sofort bezahlen. Der Vorteil liegt darin, das die Schecks nur vom eingetragenen Empfänger gecasht werden können und das Sie über den vollen Betrag versichert sind. Alle Aussteller limitieren den Gegenwert, die US-Post auf zum Beispiel $700. Sie erhalten eine Art Scheck mit dem aufgedruckten Wert, füllen selbst Empfänger und Absender aus und schicken dieses Stück Papier an dem Rechnungssteller. Eine Kopie verbleibt bei Ihnen. Fertig. Jedermann akzeptiert Moneyorders.

Mutual Fund

Anlagefonds. Die gibt es wie Sand am Meer. Falls Sie etwas Geld anlegen möchten und sich die Auswahl der Wertpapiere nicht selbst zutrauen, sind Anteile an Mutual Funds eventuell etwas für Sie. Auch die Mutual Funds kann man über die Brokeraccounts kaufen, oft sogar kostenlos, also ohne Maklerkommission.

Telephone Banking/PC Banking

Naja, PC Banking dürfte klar sein. Telephone Banking könnte noch was neues sein. Da können Sie Ihre Transaktionen am

Telefon vornehmen. Was daran neu sein soll? Es ist kein Bankangestellter auf der anderen Seite der Leitung. Sie geben alle relevanten Daten wie Betrag, Kontonummer etc. über die Telefontastatur ein.

Wireless Money Transfer
Das ist die Auslandsüberweisung. Die geht sehr schnell, ganz anders als gewohnt. Ist aber auch sehr teuer. Unter $40 kommen Sie nicht weg, eher wirds noch mehr werden. Übrigens berechnen fast alle Banken auch Gebühren bei einkommenden Überweisungen, so um die $10.

Withdrawals
Auszahlung, Abhebung

8.4 Steuern und Gebühren in Kalifornien

NOTICE OF TAX INCREASE!

The School Board of Orange County, California, will soon consider a measure to increase its property tax levy by 1,7%. A portion of the tax levy is required under state law in order for the school board to receive $754.322.161 in state education grants. The required portion has increased by 1.96 % and represents approximately seven-tenths of the total proposed taxes. The remainder of the taxes is proposed solely at the discretion of the school board.
All concerned citizens are invited to a public hearing on the tax increase to be held on Sptember 16, 1998, at 5:30 P.M. A DECISION on the proposed tax increase and the budget will be made at this hearing.

So oder ähnlich sehen die Zeitungsanzeigen aus, in denen die Landkreise, Städte oder auch die kalifornische Regierung offiziell einen Steuererhöhungsvorschlag(!) bekannt geben. Daneben erscheint im gleichen Format eine genaue Spezifizierung, wie, wann und wo (!) die zusätzlichen Steuergelder eingesetzt werden - und die erneute Aufforderung an die Bürger, am Hearing zu diesem Vorschlag teilzunehmen. Solch ein Vorgehen kann sicherlich ohne rot zu werden ein demokratisches genannt werden. Im Folgenden finden Sie eine Auflistung der wichtigsten Steuern und einiger Gebühren in Kalifornien. Alle Beträge lauten auf US-Dollar und alle Angaben beziehen sich auf den Stand von 1999.

Einkommenssteuer (natürliche Personen)
Die Einkommenssteuer in den Vereinigten Staaten von Amerika setzt sich aus zwei Teilen zusammen, dem regionalen, hier kalifornischen Anteil, und dem Bundesanteil für Washington, der Federal Income Tax. In manchen Bundesstaaten gibt es keine Einkommensteuer, etwa in Florida. Dort muss lediglich der Bundesanteil gezahlt werden. Die Prozentsätze sind im Allgemeinen erfreulich niedrig, von Ausnahmen wie Minnesota und einigen wenigen anderen einmal abgesehen.

Kalifornische Einkommenssteuer: 1,0% - 9,3%

Federal Income Tax (gerundet, Freibetrag $8500)

versteuerbares Einkommen	Single	Family
bis $50.000	$10.700	$8.500
bis $100.000	$25.900	$22.500

Gut zu wissen ist dabei noch, das in Amerika fast alle Beträge, die vom Einkommen abgezogen werden, tax, also Steuer genannt werden.

Einkommenssteuer (juristische Personen)
Kalifornien kennt eine Einkommensteuer auf Unternehmensgewinne. Der Steuersatz der state corporate income tax rate beträgt 8.84%, basierend auf dem nach Bundesgesetzen ermittelten Gewinn.

S-Corporations (im Kapitel »Selbständig in Kalifornien« näher erläutert) werden gesondert behandelt und bezahlen 1,5% im allgemeinen Fall oder 3,5%, wenn es sich um eine Firma im Finanzdienstleistungsbereich handelt. Non-profit Unternehmungen bezahlen keine Steuer, müssen aber trotzdem jährlich ihre Finanzen offenlegen.

Mehrwertsteuer

In Kalifornien wird Mehrwertsteuer, die sogenannte salestax erhoben. Diese beträgt zwischen 7,25% und 8,5% auf die meisten Verkäufe an Endverbraucher. Einige wenige Artikel sind ausgenommen.

Im Unterschied zur deutschen Methode des Verschleierns der Steuer per Gesetz wird die Salestax in Kalifornien so gut wie nie mit ausgezeichnet. Dem Verbraucher wird also bei jedem einzelnenn Einkauf immer wieder bewusst gemacht, wie oft welcher Teil seines Geldes an den Staat geht. Auch die Bürokratie, Beamtenstellen und Papier züchtende Methode des Vorsteuerabzuges ist in Kalifornien indiskutabel. Firmen bezahlen bei Einkäufen einfach keine und berechnen auch keine weiter, soweit die Ware nicht an Endkunden geht. Einfach. Counties, also die Landkreise, dürfen noch mehrere Prozent obendrauf schlagen, so das der tatsächliche Steueraufschlag mehr als 8,5% betragen kann.

Tip

Sämtliche Einkäufe über das Internet sind per Bundesgesetz salestax-frei! Falls Sie also zum Beispiel ein Auto übers Netz bestellen, sparen Sie schon mal gleich so ab $600 aufwärts, abhängig vom Kaufpreis halt.

Immobiliensteuer

Local Property Tax heisst das (ungefähre) Adäquat zur Grundsteuer in Deutschland. Die beträgt 1,1% auf den versteuerbaren Wert der Immobilie. Diverse Abzugsmöglichkeiten bestehen. Jeder Landkreis und auch jede Stadt darf einen Aufschlag nach eigenem Gusto festsetzen.

Ein und dasselbe Haus kann deshalb je nach Standort mit einer stark unterschiedlichen Jahressteuer belastet sein und kann ein (Anti-) Verkaufsargument sein. Überhaupt keine

Immobiliensteuer bezahlen verwitwete, blinde oder gelähmte Menschen.

Mineralölsteuer
Die »Gasoline And Fuels Tax« beträgt $0,18 pro Gallone Benzin und Diesel, also ungefähr 9 Pfennig pro Liter. Auch in diesem Bereich sind die Counties zu Aufschlägen berechtigt. In Verbindung mit dem -im US-Bundesstaatenvergleich- hohen Einkommen in Kalifornien führt das dazu, das hier mit die höchsten Kraftstoffpreise der USA zu bezahlen sind. Der höchste Preis, den ich selbst auf zahlreichen Fahrten sah, betrug ca. $1,90 je Gallone, also etwa 0,93DM/Liter. Das ist für amerikanische Verhältnisse exorbitant.

Versicherungssteuer
2,35% auf alle Versicherungsrechnungen.

Zigarettensteuer
$0,87 je Packung

9.0 Easy, Easy - Das tägliche Leben

Im folgenden Kapitel erfahren Sie in zusammengefasster Form alles Wissenswerte über das Wo und Wie des normalen Tagesablaufes in Kalifornien. Ob es sich um Verwaltungsfragen, medizinische Betreuung oder den Erwerb von Führerscheinen handelt - viele Angaben und Hinweise, die Sie sowohl als Besucher als auch als Einwanderer benötigen, finden Sie hier. Klar können sich manche Angaben, besonders Preise und Zeiten, schnell ändern. Wir freuen uns daher jederzeit über Ihre Ergänzungs- und Korrekturhinweise, die in der nächsten Ausgabe mit aufgenommen werden.

9.1 Lebenshaltungskosten

Wieviel Geld benötigt man je Monat in Kalifornien? Das hängt natürlich ganz wesentlich von den persönlichen Ansprüchen ab. Als unteren Richtwert kann man in Kalifornien mit $1500,- je Monat auskommen. Darin sind Miete und Nebenkosten, Telefon, Lebensmittel und Autokosten eingeschlossen. Ein Leben im schwelgenden Luxus ist damit selbstverständlich nicht möglich. Aber genausowenig bedeutet es, das man von Wasser und Brot leben muß. Eingerechnet ist nicht die Abschreibung der Anschaffungskosten für Ihren Hausstand, falls Sie einwandern. Die Posten für eine gewisse Grundaustattung an Möbeln, für ein Auto usw. müßen Sie also falls erforderlich hinzurechnen. Alle folgenden Preise sind Durchschnittswerte, beziehen sich auf den Stand von 2000 minus eins und sind in US$ angegeben.

Mieten

Günstige Wohngegend, 1-Zimmer Wohnung	150/Woche
Teure Wohngegend, Bungalow mit pool	800/Woche

Wasseranschluß und Abwasser

oft .... kostenlos
selten 20/Monat

Elektrischer Strom

Einheit 0,08/kwh

Telefon

einmalige Anschlußgebühr 50/-
Grundgebühr 12/Monat
Ortsgespräche .... kostenlos
Überseegespräche (EU) .... ab 0,10/min.

Krankenversicherung 100/Monat

Lebensmittel

Die Lebensmittelpreise in Kalifornien liegen ein paar Prozent über deutschem Niveau. Die großen Lebensmittelmärkte arbeiten bei Ihrer Werbung mit einem Gutschein- (Rabatt-) system. Wenn Sie diese strikt in Anspruch nehmen, reduziert sich Ihre Lebensmittelrechnung durchschnittlich um 10%. Unterschiedliche Preise zu Europa:

(sehr) günstig .... Rindfleisch
teurer .... europäische Lebensmittel

Kraftfahrzeug

Kfz-Steuer 20/Jahr
Kfz-Versicherung (40%) .... >800/Jahr
Benzin 1,40/gallon
Diesel 1,50/gallon
Moderne Waschstraße 4/Durchgang

Banken

Kontoführung 0-4/Monat
Guthabenzinsen .... bis 5%
Kreditzinsen .... bis 21%
Kreditzinsen für Immobilien .... ab 7%

Post

Briefe national 0,33/Brief
Briefe international (EU) 0,60/Brief

Kino 3-8/Person

9.2 Brief - und Paketpost

Der United States Postal Service (USPS) ist trotz seiner

immensen Größe ein bemerkenswert effizientes Unternehmen. Die Post liefert an 6 Tagen pro Woche aus, von Alaska bis auf die Keys und von Hawaii bis zum Grand Canyon (hier übrigens per Maultier), und natürlich international über alle möglichen Häfen. Wäre die US Post ein privates Unternehmen, so wäre es das Zehntgrößte der USA. Die US Post

...... bewegt 41% des Weltpostaufkommens (!), 630 Millionen Sendungen jeden Tag. Der nächstgrößte Postdienst ist der von Japan mit 6% des Weltpostaufkommens täglich.

...... ist der größte US-Arbeitgeber mit mehr als 765000 Angestellten.

...... betreibt 38019 Poststellen.

...... meistert 38 Millionen Adressänderungen jedes Jahr.

...... fährt jedes Jahr 1,8 Milliarden Kilometer mit 192904 Fahrzeugen. Für jeden einzelnen cent Benzinpreissteigerung pro Gallone steigen die Betriebskosten des USPS um mehr als 1 Million $.

...... bedient 7 Millionen Kunden und 130 Millionen Lieferadressen jeden Tag. Dazu gehören auch 18 Millionen Postfächer.

...... liefert an einem einzigen Tag mehr Post aus als FedEx in einem ganzen Jahr und in nur drei Tagen mehr als UPS innerhalb eines ganzen Jahres.

(Quelle: United States Postal Service, 1999)

In nahezu jeden Ort ist eine Poststelle vorhanden. Neben den üblichen Dingen wie Briefmarken usw. erhalten Sie auch alle denkbaren Nebenprodukte zu kaufen. Die oft benötigten 33c Briefmarken gibt es unter anderem selbstklebend auf einer 100er-Rolle. Auf Anfrage erhalten sie selbstklebende Aufkleber für »Airpost«, »Fastpost«, »Seapost« usw. - in 2 verschiedenen Größen - kostenlos. Falls Sie viele davon benötigen, gibt es auch Abziehrollen mit jeweils 100 Stück kostenfrei.
Die Briefkästen werden in üblichen regelmäßigen Abständen geleert. Es gibt oft zwei nebeneinander, nämlich je einen für nationale und internationale Post. Werfen Sie Ihre Post aus

Versehen in den falschen Briefkasten, kommt Sie natürlich trotzdem an, allerdings eventuell um 1-2 Tage verzögert. Erhalten Sie selbst einmal eine Fehllieferung, streichen Sie die Empfängeranschrift einfach durch, schreiben entweder die neue Adresse oder »unknown« daneben und werfen den Brief einfach wieder in einen Briefkasten. Die Internet Seiten der US Post liefern Ihnen alle ZIP-Codes der USA (Postleitzahlen), alle Preise und Gebühren, Tracking Informationen und anderes.

Sofort-Kontakt

www.usps.gov

Preise

Nationale First Class Mail (das hat nichts mit Luxus zu tun, sondern ist die Bezeichnung für die normale Beförderung von Briefen und Postkarten) kostet für die Brief-Standardgrößen 33c, die Laufzeit beträgt 2-3 Tage. Im internationalen Verkehr kostet der Standardbrief 60c und darf bei üblichen Abmessungen bis zu 1oz. (28gr) wiegen. Das ist doch was, oder? Darüber kostet jedes halbe oz. 0,40c. Nach nur 5-6 Tagen ab Einwurf in Kalifornien ist Ihr Brief beim Empfänger in Europa! Die genannten Preise beziehen sich auf die Beförderung nach Europa per Luftpost. Es existieren verbilligte Raten nach Kanda und Mexico.
Ein durchschnittliches 10 Pound Paket (1 pound = 453 Gramm) kostet im nationalen Postverkehr von Kalifornien nach New York ca. $15, ist also gar nicht teuer. Im internationalen Verkehr nach Europa werden als Luftpost für das gleiche Paket ca. $40 fällig, als Seepost ca. $25.
Daneben gibt es einige relativ große private Beförderer. Kürzel wie UPS oder FEDEX sind heute jedem geläufig. Diese privaten Unternehmen bieten eine große Auswahl an zum Teil erstaunlich schnellen und zuverlässigen Diensten an. Meiner Erfahrung nach allerdings sind sie durchgehend teurer als vergleichbare US Post Dienste, zum Teil sogar erheblich teurer.

Termini

CERTIFICATE OF MAILING
...ist eine schriftliche Bestätigung der Sendung. Sie gibt Ihnen einen Beleg über die Absendung in die Hand und kostet 55 cents extra. Das Post führt kein Buch über den Weg des Poststückes, sie bestätigt nur den Empfang.

CERTIFIED MAIL
...ist das Einschreiben. Sie erhalten einen Einlieferungsbeleg und das Empfangspostamt führt Buch über die Auslieferung. Die Gebühr beträgt $1,35 zusätzlich zum Porto. Auch einen Rückschein gibt es (return receipt), der nochmals ein paar cent mehr kostet.

COLLECT ON DELIVERY (COD)
...ist die Nachnahmesendung, die jeder Postkunde, gleich ob gewerblich oder privat, benutzen kann. Der Betrag darf $600 nicht übersteigen.

EXPRESS MAIL
... ist die Express Post, die über Nacht, an 365 Tagen im Jahr ausliefert. Für diesen Service existieren weder Wochenenden noch Feiertage. Die Preise starten ab $10.75.

TRACKING EXPRESS MAIL
...damit können Sie bei Auslieferverzögerungen sofort feststellen, wo es klemmt. Rufen Sie kostenfrei 1-800-222-1811 an und halten Sie die Einlieferungsnummer bereit.

GENERAL DELIVERY
...lautet der Adresszusatz für Post an Menschen, die keine örtliche Anschrift besitzen. Dadurch wird die Post bei der Poststelle bis zur Abholung aufbewahrt. ID beim Abholen nicht vergessen!

INSURANCE
...Versicherung ist für alle Arten von Postsendungen bis zu einem Wert von $5000 buchbar und deckt die Risiken von Verlust oder Beschädigung ab.

TIP

INTERNATIONAL REPLY COUPONS
...sind interessant für diejeigen Menschen, die oft von Europa nach USA Briefe schreiben. Durch die fast schon lächerlich hohen Portogebühren in Deutschland lohnt es sich, ein paar International Reply Coupons in den USA für je $1,05 zu kaufen und rüberzuschicken. Der Empfänger in D erhält dafür bei der Post die entsprechenden Luftpostübersee-Briefmarken ohne weitere Kosten!

MONEY ORDERS
...sind eine einfache, gängige und sichere Art, Geld innerhalb der USA zu versenden, um z.B. Rechnungen zu bezahlen. Sie kaufen diese Art von Checks über den genauen Betrag und versenden ihn. Moneyorders werden von der US Post in Kalifornien für bis zu $700 ausgestellt. Einige US-Staaten haben andere Limits. Falls das Papier verloren geht oder gestohlen wird, bekommen Sie es ersetzt. Die Ausfertigungsgebühr beträgt ca. $1. Falls Sie eine Money Order zugeschickt bekommen, so erhalten Sie den Betrag, korrekte ID vorausgesetzt, auf Wunsch bar in der Post ausbezahlt, sofern die Money Order von der USPS ausgestellt wurde. Dafür wird keine Gebühr erhoben. Daneben gibt es zwei Arten von internationalen Money Orders zu $3 und $7,50.

PARCEL POST
...ist die Paketpost und gilt für Gewichte von 1 bis 70 pounds (1 pound=453 Gramm). Die Lieferzeit innerhalb der USA beträgt 7 - 10 Tage.

P.O. BOX
...ist die Post Officice Box, das Postfach. Jeder kann eines haben, die Gebühr beträgt $22 je halbes Jahr. Viele private Post- und Bürodienste bieten Ihnen den gleichen Service für den 6-8fachen Preis!

REGISTERED MAIL
...ist die sicherste Art und Weise, wichtige und/oder wertvolle Post zu versenden. Diese Sendungen werden unter großen

Sicherheitsvorkehrungen transportiert und nicht aus den Augen gelassen, bis Sie beim Empfänger angekommen sind. Das Versicherungslimit ist erhöht und kann bis zu $25.000 betragen.

Spezielle Anschriften

Falls Sie unerwünschte Post abbestellen wollen oder sich vor der Flut von Werbesendungen schützen möchten, so schreiben Sie bitte einen formlosen Brief an: Mail Preference Service, Direct Marketing Association, PO Box 9008, Farmingdale NY 11735-9008.

Der amerikanische Zoll (US Customs Service) kontrolliert auf Strichprobenart die in die USA eingehenden Postsendungen. Wird ein Zollbetrag angesetzt, so wird diese Summe, zusätzlich zu eventuellen Gebühren durch die US Post bei Auslieferung erhoben. Falls Sie eingehendere Informationen benötigen: United States Customs Service, Treasury Department, PO Box 7407, Washington Dc 20229-7407

Falls Sie zu den Philatelisten gehören, so bietet der US Post Service, well - Service. Kataloge und Auskünfte aller Art erhalten Sie bei: Stamp Fullfilment Services, US Postal Service, PO Box 419424, Kansas City, MO 64179-0997

Für alle weitergehenden Informationen können Sie sich an das Kundenberatungszentrum wenden: US Postal Headquarters, Consumer Affairs, 475 L'enfant PLZ SW RM 5821, Washington DC 20277-3026

TIPS

... Falls Ihnen die Warterei in der Schlange beim Postschalter zu dumm ist, können Briefmarken ohne Aufpreis auch per Post bestellt und geliefert werden. Die Lieferzeit beträgt 3 Tage. Oder Sie bestellen einfach per Telefon: 1-800-STAMP-24 (1-800-782-6724).

... Falls Sie gern ein bestimmtes Motiv auf den Briefmarken hätten, werden Ihre Vorschläge gern angenommen:

... Sofort-Kontakt

www.stampsonline.com/custcare/phil.htm

... Falls Sie umziehen, bietet Ihnen die US Post einen schönen Online-

Service an:
... Sofort-Kontakt

www.usps.gov/moversnet

... Übrigens, ein Bundesgesetz verbietet die Versendung von unbestellten Artikeln. Falls Ihnen irgendjemand ungefragt Produkte zuschickt, dürfen Sie die als Geschenk ohne jede Verpflichtung betrachten.

9.3 Das Telefonwesen

Die Telefonindustrie in den USA ist...sagen wir...noch ziemlich verschieden von der in Europa. Es herrscht ein sehr freier Markt mit vielen Konkurrenzunternehmen, die um die Gunst der Kunden, aber auch um deren Geld buhlen. Mit allen Vorteilen und Nachteilen. Die Freischaltung Ihres Hausanschlußes dauert nur wenige Stunden. Alle Ortsgespräche sind kostenfrei, egal wie lange Sie telefonieren. Das Telefaxgerät, besonders als Kombigerät hatte sich schon in weit größerem Maße als in Deutschland in den Privathaushalten durchgesetzt, wird aber schon wieder verdrängt durch die steil steigende Anzahl von Zweitanschlüssen, die die Haushalte extra für den Zugang zum Internet einrichten, an dem schon viele per Standleitung (24h) hängen.
Kostenfreie Servicenummern beginnen mit 1-800.., 1-888.. oder 1-877.. Servicenummern, für die erhöhte Gebühren berechnet werden, beginnen mit 1-900. Sie können auch ein Boot/Schiff auf den Gewässern Kaliforniens telefonisch erreichen, das überhaupt kein Funktelefon an Bord hat. Sie werden einfach zum normalen VHF-Bordfunkgerät verbunden, wie es auf jedem Wasserfahrzeug zu finden ist.
Ob als Folge aus den vielen Möglichkeiten oder nicht, jedenfalls ist wie in den USA überhaupt auch in Kalifornien das Telefon weit mehr als in Deutschland Bestandteil des täglichen Lebens. Dies gilt nicht nur für das Berufsleben, sondern auch für den privaten Bereich. Einkäufe beim Supermarkt werden von älteren Menschen oder gestreßten Muttis schon mal per Telefon erledigt und abends nur noch bezahlt und bereits fertig eingepackt abgeholt. »I'll call you back in a few minutes« ist der allgegenwärtige Satz.

Telefonkarten

Viele Long distance provider, das sind die kleinen und großen Telefongesellschaften, die die Fernnetze betreiben, bieten Telefonkarten an. Es gibt eine Unzahl von verschiedenen Angeboten, die Sie quasi überall kaufen können. Die gängigsten Stückelungen betragen $5, $10 und $20.

Die Karten enthalten keine umständliche und aufwendige Chiplösung wie in Europa und funktionieren deshalb von jedem Telefon aus. Egal ob es sich um eine öffentliche Telefonzelle, ein Hotelzimmertelefon oder einen Privatanschluß handelt. Sie wählen meistens eine kostenlose 800er Nummer, die auf die Karte aufgedruckt ist und geben dann eine vielstellige Codenummer ein, die ebenfalls auf die Karte gedruckt ist. Nach einer kurzen Ansage, wieviel Telefonzeit noch auf der Karte bereit steht, werden Sie zum Eintippen Ihrer Zielnummer aufgefordert. Auch in diesem Bereich gibt es tolle Angebote und schwarze Schafe. Die Kosten reichen von 19c/min. nach Deutschland bis zu über $1! Ein Lesen des Verpackungsaufdruckes und der Preislisten der Karten ist zu empfehlen.

TIP

Es ist sogar möglich, total kostenlos und unbegrenzt von jedem öffentlichen und privaten Telefon zu telefonieren. Das geht so: Nach einmaliger Anmeldung beim Anbieter hören Sie sich kurze Werbemitteilungen (15-20 sec) im Hörer an und erhalten für jede gehörte Botschaft 2 Minuten Gesprächszeit (egal, ob Orts- oder Ferngespräch [innerhalb der USA]). Bei FREEWAY (www.broadpoint.com) kann jeder kostenlos Mitglied werden.

Telefonzellen

Telefonzellen gibt es sehr reichlich. Obwohl, Zellen sind es nicht gerade. Eher Telefone in einem Vogelhäuschen, das in allen möglichen Höhen über dem Boden angebracht ist - nur nie in der richtigen - weil wir Deutschen lange brauchen zu kapieren, das man an ein solches Telefon natürlich mit dem Auto heranfährt und zum Telefonieren darin sitzenbleibt.

Meistens von blauer Farbe und manchmal sogar mit Hinweisschild versehen, sind sie an vielen öffentlichen Orten aufgehängt. Für die meisten Telefonzellen gilt: Alle Nummern, die mit 1-800, 1-888 oder 1-877 beginnen sind kostenlos zu erreichen. Für die meisten, aber nicht alle. Das liegt daran, das auch die öffentlichen Telefone privaten Unternehmen gehören. Und manche dieser Unternehmen möchten Ihren Apparat unter keinen Umständen kostenlos zu Verfügung stellen. Deshalb werden Sie bei diesen trotz Wahl einer kostenfreien Telefonnummer zum Einwurf von Münzen aufgefordert. Eine Strasse weiterfahren löst das Problem meistens.

Hausanschluß

In jedem Haus befindet sich mindestens ein Telefonanschluß, der Trend geht ganz eindeutig zu mindestens zweien. Weil immer mehr Haushalte eine Leitung ständig für das Internet belegt haben. Haben Sie sich eingemietet oder das Haus gekauft, genügt ein kurzer, kostenloser Anruf vom Nachbarn oder einer Telefonzelle beim Privatkundenservice, um Ihren Anschluß innerhalb von wenigen Stunden zu aktivieren. Für Geschäftskunden sind ebenfalls kostenlose Service-Rufnummern eingerichtet. Bestellen Sie am besten lediglich einen Anschluß ohne Endgeräte. Die Telefone kaufen Sie besser selbst oder haben Sie sowieso im Gepäck.

Ein privater Hauptanschluß kostet monatlich rund $12 zuzüglich verschiedener Steuern. Dieser Betrag kann von Ort zu Ort etwas varrieren. Ortsverbindungen, natürlich egal ob Gesprächs- oder Faxübertragungen, sind darin eingeschlossen, kosten also auch bei extensiver Nutzung nichts extra. Sehr interessant ist das für Eltern mit Kindern im Teeniealter oder eben für Internetbenutzer. Der Internetzugang kostet in Kalifornien übrigens so zwischen $15 und $30 pro Monat, als Beispiel bei Bellsouth $19,95. Für grenzenlose Nutzung ohne jede zeitliche Beschränkung. Es sind ausserdem bereits die ersten völlig kostenlosen Angebote aufgetaucht, über Werbung finanziert wie das Fernsehen.

Den Long Distance Provider, das sind die Unternehmen, die Ihre Ferngespräche transportieren, dürfen (müssen) Sie selbst auswählen. Es gibt etwa 100! Und genau soviele verschiedene Tarife. Auch die Gebühren nach Europa können extrem unterschiedlich ausfallen, davon abhängig, welchen Provider Sie bestellen. Gut informieren ist angesagt, dann ist ein Gespräch nach Europa für ca. 10c die Minute zu haben.

Innerhalb der USA, egal wohin, sollten Sie nicht mehr als 10 cent pro Minute bezahlen. Oder gar nichts, siehe oben. Alle genannten Beträge geben den Stand aus 1999 wieder und gehen tendenziell weiter nach unten. In einigen Jahren dürfte Telefonieren rund um die Welt völlig kostenlos sein.
In den USA erhalten Sie »serienmäßig«, also ohne Aufpreis, eine detailierte Telefonrechnung, aus der Datum, Uhrzeit, angerufene Nummer, Dauer des Gespräches und Kosten des Einzel-Gespräches hervorgehen. Kostenfreie Gespräche sind nicht aufgelistet. Es werden eine Unzahl von zusätzlichen Serviceleistungen wie Anrufweiterschaltung usw. angeboten.

Handy

Das cellphone oder mobile (nicht „Handy", dass versteht kein Mensch!) hat in Kalifornien mindestens den gleichen Statuswert wie in Europa. Kaum jemand, der etwas auf sich hält oder glaubt etwas auf sich halten zu müßen, kommt ohne es aus. Nachdem seit jüngerer Zeit -zig verschiedene Tarife von mehreren Providern angeboten werden, ist das Handy nochmals attraktiver geworden. Die Grundgebühr beträgt im günstigsten Fall $10, ist also billiger als der Hausanschluß. Demgegenüber entstehen allerdings höhere Gesprächskosten. In Amerika hat sich beid en Funktelefonen obendrein von Anfang an die Unsitte eingebürgert, den Kunden auch für die eingehenden Gespräche bezahlen zu lassen (nur Handy)! Um jederzeit erreichbar zu sein, ist diese moderne Kommunikationsmöglichkeit allerdings eine konkurrenzlose Alternative zum Hausanschluß. Funktelefonnummern sind in Amerika nicht von den Festanschlußnummern zu unterscheiden. Sie sehen genau gleich aus und besitzen auch eine (von Ihnen frei wählbare) Ortsvorwahl. Die Funktelefone selbst sind durchgehend Geräte der großen überregional operierenden Herstellerfirmen und befinden sich qualitativ auf Weltstandard. Die Angebotsformen entsprechen den bekannten aus Europa. Bei Abschluß eines Kartenvertrages ist der Preis des Telefons gering, beim Kauf ohne Kartenvertrag relativ hoch.

Wichtige Telefonnummern

Notruf 911

Lokale Auskunft	411
Kostenlose Auskunft rund ums Mobiltelefonieren mit AT&T	611
Auskunft für die kostenlosen 800er und 888er Nummern	1-800-555-1212
Auskunft für eine beliebige Stadt	1-(Stadtvorwahl)-555-1212

Selbstwählverbindungen von Kalifornien nach

Deutschland	01149 - (Stadtvorwahl ohne 0) - ...
Schweiz	01141 - (Stadtvorwahl ohne 0) - ...
Österreich	01143 - (Stadtvorwahl ohne 0) - ...
Selbstwählverbindung von D nach USA	001 - (Stadtvorwahl) - ...

9.4 Zeitungen und Zeitschriften

Die Anzahl der verschiedensten Druckerzeugnisse im Land ist erstaunlich. Es gibt Zeitungen und Zeitschriften in rauhen Mengen. In Kalifornien dominieren bei den Tageszeitungen die *Los Angeles Times* sowie die beiden *San Francisco* Blätter, die neuerdings beide dem gleichen Eigentümer gehören. Alle erscheinen rund um die Woche zu einen Verkaufpreis von ca. 50 cents. Die Sonntagsausgaben sind sehr umfangreich und teurer. Allen gemeinsam ist ein unverhältnismäßig großes Anzeigenvolumen und eine eher regionale Berichterstattung. Regelmäßig beschränkt sich der Nachrichten- und Berichtteil aus Übersee auf 2 bis maximal 3 Seiten, wobei noch die Hälfte der Seiten mit Werbung bedruckt sind. Der Kleinanzeigenmarkt für Immobilien, Beruf und Kraftfahrzeuge ist in nahezu jeder örtlichen Tageszeitung sonntags am stärksten. An anderen Wochentagen sind diese Rubriken ebenfalls vorhanden, allerdings ist dann das Anzeigenvolumen geringer. Mindestens genauso populär wie die örtlichen Zeitungen sind in Kalifornien die großen überregionalen Blätter wie die *New York Times, Wallstreet Journal, USA Today.* Alle Erzeugnisse sind überall einfach und einfach überall zu haben.

Sofort-Kontakt

http://www.latimes.com (Los Angeles)
http://www.sfgate.com (San Francisco)
http://www.usatoday.com (überregional)

http://www.wsj.com (überregional)
http://www.nytimes.com (überregional)

Aber auch die internationale Presse ist stark vertreten im Multikultistaat. Falls Sie auf Ihre tägliche *FAZ, Frankfurter Rundschau* oder die *Süddeutsche* nicht verzichten möchten - kein Problem. Mit nur einem Tag Verzögerung erhalten Sie sie regelmäßig zum Beispiel bei Borders, eine große Buchhandlungskette mit vielen Niederlassungen. Das gleiche gilt für die wöchentlichen Magazine *Spiegel, Focus* und andere. Falls Ihnen das zu aufwendig, unbequem, teuer oder sonst was ist, empfehle ich Ihnen, Sie haben's sicher schon erraten, das Internet. Neben allen genannten Zeitungen finden Sie dann auch die Taunuszeitung, die Kieler Nachrichten oder den Mainkurier. Fühlen Sie sich wie zuhause!

Sofort-Kontakt

http://www.spiegel.de
http://www.focus.de
http://www.gt.kth.se/publishing/news.html
(weltweite Tageszeitungen)

9.5 Fernsehen und Rundfunk

Über die Funkmedienlandschaft in den USA wird ja immer viel erzählt. Alles stimmt! Unendlich viele Kanäle und noch mehr Werbeunterbrechungen (Für die Hobbymathematiker: Es gibt wirklich verschieden große Unendlichkeiten). Jede Sparte wird abgedeckt: Wetter, Wissenschaft, Nachrichten, Spielfilme, Science Fiction und und und. Mit einer normalen Antenne sind so 4-5 Fernsehsender zu empfangen. Doch die weitaus meisten Haushalte sind verkabelt. Satellitenschüsseln gibt es auch, womit dann auch die europäischen Sender kein Problem mehr sind. Übrigens sind fast alle deutschen Sender auch auf dem Internet vertreten.
Radiosender gibt es mehr als genug. Für jeden Geschmack von Klassik bis Rock gibt es gleich mehrere. So viele und so

»artenreich«, das man eigentlich keine Cassetten oder CDs benötigt. Wenn bloß die Werbeunterbrechungen nicht wären.

9.6 Essen und Trinken

Gibt es eine Alternative zu BurgerKing, McDonalds und Wendy? Ja! Pizzaketten. Na gut, das haben Sie nicht gerade gemeint. Ja, es gibt zahlreiche Restaurants in allen Stufen, doch sobald man nur ein bischen Anspruch an Stil und Atmosphäre hat, wird es richtig teuer. Gewöhnungsbedürftig ist, das der Sitzplatz oft angewiesen wird, das Schild am Eingang sagt »Please wait to be seated«. Falls Ihnen der zugewiesene Platz nicht zusagt, scheuen Sie sich nicht, nach einem anderen zu fragen. Trinkgeld geben ist nicht üblich. Es ist Pflicht! 10-15% sind normal. Das Einkommen der Bedienungen basiert darauf. Nur bei wirklich schlechtem Service ist es angebracht, nichts zu geben. Von Top First Class Dinners einmal abgesehen, ist es nicht unbedingt erforderlich, auf angemessene oder gar feine Kleidung zu achten. Wer reichhaltige und günstige Frühstücksbuffets mag, sollte sich morgens zu Shooney's oder zu ähnlichen Buffetangeboten begeben. Dort erhalten Sie für ungefähr $6 eine reichhaltige Auswahl bis zum Abwinken, die eher an einen Sonntags Brunch erinnert.

9.7 Öffentlicher Verkehr

Ein öffentliches Verkehrsnetz durch Bahn und Bus ist, sagen wir, vorhanden und wird durch County Abteilungen mit dem schönen Namen MASS TRANSIT DIVISION verwaltet. Die Erwartungen an die Massentransport-Division sollten allerdings nicht zu hoch geknüpft sein, denn erstens werden nur Hauptrouten angeboten, die nicht sehr häufig befahren werden, zweitens ist auch hier Pünktlichkeit nicht unbedingt Prio One. Und last but not least sind sie alle relativ teuer. Dann gibt es noch die überregionalen Bahnverbindungen und die Greyhound Busse, die auch bis Kalifornien fahren. Weil man in Kalifornien nicht ernsthaft versuchen sollte, ohne Auto über die Runden zu kommen, möchte ich es damit bewenden lassen.

9.8 Medizinische Versorgung

NOTFALLRUFNUMMER in ganz Kalifornien für AMBULANZ - FEUERWEHR - POLIZEI

-911-

Die medizinische Versorgung in Arztpraxen und Krankenhäusern steht auf einem hohen Niveau, gleich ob es sich um staatliche oder privatwirtschaftliche Einrichtungen handelt. Da die Behandlung stets kostenpflichtig ist, empfiehlt sich in jedem Fall der Abschluß einer umfassenden Versicherung. In größeren Hotels steht den Gästen meist ein Vertragsarzt zu Verfügung. Apotheken in unserem Sinne gibt es kaum, sie sind oft innerhalb eines Supermarktes mit eingegliedert.
Besondere Vorsorgeimpfungen sind für Menschen, die aus Europa einreisen nicht erforderlich. Wer auf kontinuierliche Einnahme von Medikamenten angewiesen sind, sollte eine Bestätigung des Arztes mitführen, auch wegen eventueller Zollkontrollen. Für verschreibungspflichtige Arzneien wird auch in Kalifornien ein Rezept benötigt. Spezielle Lebensmittel und Hilfsmittel für Diabetiker und Allergiker erhalten Sie in den Health Shops, ein Zwischending von Apotheke, Drogerie und Supermarkt.

9.9 Das Polizeisystem

Die Polizei in Kalifornien ist sehr unterschiedlich zu Deutschland organisiert. Sie ist stark regional strukturiert aufgebaut, mit für unsere Vorstellungen zum Teil lächerlichen Konsequenzen. Ein (Stadt-) Polizeiauto aus San Francisco zum Beispiel verliert jeden offiziellen Status, sobald es die Stadtgrenzen überschritten hat. Theoretisch, und manchmal auch praktisch - je nachdem wie grün sich die Nachbarstädte sind - darf es außerhalb der Stadtgrenzen weder das Blaulicht einschalten noch einen Sünder jagen. Die »Beamten« sind auch nicht verbeamtet. In

der Hierarchie unten stehen die Stadtpolizisten, einfach nach dem Stadtnamen benannt, also zum Beispiel Los Angeles Police. Die dazugehörige Behörde heißt dann Los Angeles Police Department, oder kurz LAPD.
Als nächstes kommen die Sheriffs. Die heißen wirklich so. Da gibt es üblicherweise einen für jeden Landkreis, also zum Beispiel den Orange County Sheriff. Das das nicht nur eine einzelne Person ist, sondern der auch seine Hilfssheriffs und Verwaltungsmenschen hat, ist klar. Das ganze heißt dann Orange County Sheriff Department. Über den Sheriffs stehen außer einigen Agenten des Generalstaatsanwaltes (Kalifornien) nur die Bundespolizisten des FBI.
Daneben gibt es noch einige Sonderpolizeiformen. Etwa die Highway Patrol, die wie der Name schon sagt für die Highways zuständig ist. Oder die Marine Patrol, zuständig für Wasserfahrzeuge in Fällen, die die Coast Guard (Küstenwache, Bundesbehörde) nicht betreffen.

9.10 Führerscheine

Ob Sie zu Lande, zu Wasser oder zu Luft mobil sein möchten, in Kalifornien können Sie auf jeden Fall glücklich werden. Relativ niedrige Preise für Fahrzeuge und Treibstoffe, relaxte Gesetzgebung und Kontrolle, und die Möglichkeit, das Führerscheine sowohl als Tourist als auch als Einwanderer easy zu erwerben sind, machen das Leben zur Freude. Sie werden sich wundern, wie kurz dieses Kapitel trotz der Abhandlung aller Elemente geraten kann, was natürlich auch eine Folge der Gesetzgebung ist. Fangen wir mit der Straße an. Auch in Kalifornien macht der Gesetzgeber das Führen eines Kraftfahrzeuges von einer Genehmigung, den driver licenses, abhängig. Wie Sie Ihren Kalifornien Führerschein erhalten, ist schon im Autokapitel beschrieben worden. Fertig.
Kommen wir zum Wasser, also zum Marinebereich. Das Führen von privaten Wasserfahrzeugen aller Art, gleich ob per Motor oder Segel angetrieben, unterliegt keiner Führerscheinpflicht. Dabei spielt weder die Größe noch die Motorleistung eine Rolle. Sie dürfen also Ihre eigene 100 ft. Motoryacht mit 2 x 2000PS selber steuern, ohne jemals auch nur davon gehört zu haben,

was backbord/steuerbord ist. Warum funktioniert es hier bloß immer, das der Staat die Mündigkeit seiner Bürger respektiert? Und man uns in Europa ständig wie ein kleines Kind behandelt? Das ist mir wirklich ein Rätsel.
Es werden natürlich Ausbildungen zur Seeführerschaft angeboten. Zum Beispiel von der US Coast Guard (Küstenwache), die oft in Europa als adäquate Bootsführerscheine anerkannt werden. Doch wie gesagt, deren Belegung ist freiwillig. Siehe auch im Kapitel Wohnen auf der eigenen Yacht. Nur der Vollständigkeit halber: Private U-Boote gibts auch.
Verbleibt noch der Luftraum. Wer träumt nicht davon, mit dem eigenen oder gecharterten Flugzeug/Hubschrauber zum Beipiel die traumhafte Küste von Kalifornien entlang zu fliegen? Hier hängt es nur von Ihnen selbst ab, ob es ein Traum bleibt oder ob er realisiert wird. Eine Privatpilotenlizenz für Tragflächenflugzeuge (eben kein Hubschrauber) kostet etwa soviel wie ein Autoführerschein in Deutschland. Und kann, wenn man sich ein bischen ranhält, sogar während eines normalen Urlaubes gemacht werden! Gebrauchte Cessnas oder Modelle anderer Hersteller der gleichen Grössenklasse gibt es ab $15000. Also, ab in die Luft! Falls es Sie interessiert - ich persönlich interessiere mich für den Hubschrauberschein. Diese Dinger haben mich schon immer fasziniert. Während der in Deutschland unverschämte DM 50000 kostet, können Sie ihn hier für ca. $6000 bis 8000 machen. Die Mindest-Anforderungen (decken sich mit dem (Trag-) Flächenschein) sind:

20 Flugstunden mit Lehrer
20 Flugstunden solo
Theorie nach Bedarf

Die Flugstunde auf dem kleinen zweisitzigen, kolbenmotorigen Robinson R-22 Hubschrauber kostet $150-170. Und falls Sie es gleich richtig machen wollen und sich für den weltweit erfolgreichsten Turbinenhubschrauber Bell Jetranger 206 interessieren: Dann sind Sie mit ca. $550 dabei, pro Flugstunde wohlgemerkt. Hach - Geld müsste man haben. Bei einigen Flugschulen können Sie für einige Stunden einen Simulator wählen, der wird mit ca. $60/Stunde berechnet. Die Theoriestunden kosten $25 (Flächenflugzeug und kleiner

Hubschrauber), $40 für die Turbinenantriebe.

9.11 Heiraten in Kalifornien

Ok, ich habe auch schon gehört, das sich die deutschen Standesämter dem Druck der heiratswilligen Massen, die in Scharen im Ausland heiraten, ein wenig gebeugt haben und weniger widerwärtig amtshaft geworden sein sollen. Bloß - ich glaube es nicht. Wer vielleicht schon einmal die unsägliche bürokratische Zwangsjacke und die kühle, reservierte, eigentlich mehr an eine Beerdigung erinnernde Atmosphäre auf den Standesämtern in Deutschland z.B. als Trauzeuge oder Gast miterlebt hat, wird sich vielleicht auch etwas Schöneres für seine eigene Hochzeit vorstellen können.

Heiraten in Kalifornien ist einfach und die Gestaltung bleibt weitgehend Ihrer Phantasie überlassen. Für den Zeitbedarf reicht ohne weiteres auch ein normaler Urlaub aus. Sie benötigen lediglich Ihre Pässe, Geburtsurkunden sowie ein paar Passfotos und ungefähr $70. Mit diesen Unterlagen wenden Sie sich an eine beliebige Stadtverwaltung und gehen zum Büro des *County court judge* oder *Clerk of the circuit court* und beantragen eine marriage licence.

Dieses Papier, das Sie übrigens gleich mitnehmen können, ist 30 Tage lang gültig und berechtigt eine zur Trauung bevollmächtigte Person zur Durchführung der Trauung. Das sind nicht nur die officers vom Amt, sondern auch viele andere Personen, zum Beispiel Religionsangehörige aller Religionen, die ein offizielles Amt innerhalb dieser Religion innehaben, alle Staatsangestellten aus dem juristischen Bereich, auch alle Ex-Angestellten (nicht die gefeuerten, sondern die in Rente gegangenen!) und alle Notary Public in Kalifornien. Die Auszeichnung Notary Public hat mit der deutschen Bezeichung »Notar« nur wenig gemein. Notary Public kann jeder in kurzer Zeit werden. Dementsprechend viele gibt es in Kalifornien. In jeder Bank oder Behörde, in jedem Büroservicedienst und vielen anderen Geschäften ist mindestens ein Mitarbeiter nebenher der Notary Public. Falls Ihnen das noch nicht reicht - das Amt gibt Ihnen gerne Auskunft, wer im näheren Umkreis in Frage kommt oder sie schauen einfach in das örtliche Telefonbuch.

Mit der ausgewählten Person vereinbaren Sie einen Termin

und sprechen dann Ort und Zeit Ihrer Trauung ab, in der Wahl sind Sie völlig frei. Ob am Sandstrand, auf einer Segelyacht oder mitten im Palmenwald, alles kein Problem, solange Ihr »Trau-officer« einverstanden ist (schließlich muß er auch dort hin reisen). Ist er das nicht, bieten Sie ihm eine Lösung an oder suchen sich einen anderen. Dann benötigen Sie nur noch zwei Trauzeugen, das können auch Freunde aus Europa sein. Nach der Hochzeit sind Sie auf der ganzen Welt rechtsgültig verheiratet. Ich wünsche Ihnen beiden von ganzem Herzen alles Gute.
Wem selbst das noch zuviel bürokratischer Aufwand ist: Im nicht weit entfernten (nach amerikanischen Standards) Las Vegas können Sie innerhalb von Stunden heiraten. Zur Anerkennung Ihrer Vermählung in Deutschland sind Sie übrigens ganz eindeutig nicht verpflichtet, eine Übersetzung und/oder Beglaubigung der Trauurkunde zu liefern, wie die deutschen Standesämter gerne bei ausländischen Heiraten glauben machen wollen. Gemäß internationalen Statuten sind die Unterzeichnerstaaten, und dazu gehört Deutschland, verpflichtet, ausländische Trauurkunden direkt anzuerkennen. Warum also sollten Sie den schönsten Tag im Leben nicht etwas individueller und an einem selbstgewählten, romantischen Traumziel ohne Amtsdiktat feiern? Schließlich ist es Ihr Tag.

9.12 Resümee

Das Leben ist schön in Kalifornien. Wer nicht zu blauäugig seinen Weg sucht, und das werden die wenigsten Menschen tun, die sich zu diesem Schritt entschließen, wird sich über ein ruhigeres, mehr der Natur verbundenes Leben in oft schönerem Wetter als „zuhause“ erfreuen können.
Trotz viel Natur müßen Sie auf die Errungenschaften der modernen Zeit nicht verzichten. Der Post- und Telefonverkehr ist hervorragend ausgebaut. Briefe an Ihre Lieben in Europa erreichen diese sogar schneller als umgekehrt. Die Stimme der Verwandten und Freunde ist nur ein Telefon weit weg und Nachrichten per Fax oder Email senden und empfangen Sie sekundenschnell. Flüge von und nach Übersee gehen jeden Tag. Die Lebensmittel- und Energieversorgung liegt auf dem

gewohnten westlichen Standard oder darüber. Und möchten Sie einmal Urlaub ausserhalb machen, dann gehören Traumziele wie Mexico oder Kanada zum Naherholungsgebiet.
Ihre persönlichen Freiräume sind weiter gesteckt. Es lebt sich einfach freier und weit weniger gegängelt. Sie gehen um 21 Uhr einkaufen, auch sonntags, weil Sie sich spontan zum Grillen im Garten entschlossen haben, Sie werden nicht zum Anmelden gezwungen und falls Schiessen/Jagen zu Ihrem Hobby gehört, ist das überhaupt kein Problem. Die Möglichkeiten zur Freizeitgestaltung, zum Leben an sich, sind weit größer als in Mitteleuropa. Schon nach kurzer Zeit wird Ihnen manches, was bisher so wichtig und dringend erschien, völlig belanglos und nebensächlich vorkommen. Und irgendwann wird einem bewußt, daß das Heimatland und die dortigen Gepflogenheiten nicht unbedingt der Mittelpunkt der Welt sind.

10.0 Wichtige Anschriften

Wir sind bemüht, alle angegebene Daten auf dem neuesten Stand zu halten. Trotzdem kann es jederzeit vorkommen, das sich Telefonnummern oder Anschriften ändern. I

Anschriften in Deutschland
Amerikanische Vertretungen und Ansprechpartner

Bonn
Deichmanns Aue 29, 53170 Bonn, Tel (0228) 3391, Fax 339-2663, COM Fax (030) 238-6296, ATO Tel (040) 341-207, Fax (040) 341-200

Berlin (BO)
Neustädtische Kirchstraße 4-5, 10117 Berlin, .. Tel (030) 238-5174, Fax 238-6290, COM Fax (030) 238-6296, CON Clayallee 170, 14169 Berlin, Tel (030) 832-9233, CON Fax 831-4926

Düsseldorf (CG)
Kennedydamm 15-17, 40476 Düsseldorf, Tel (0211) 47061-0, Fax (0211) 43-14-48, COM Tel 470-6136, Fax 43-14-31

Frankfurt am Main (CG)
Siesmayerstraße 21, 60323 Frankfurt, Tel (069) 7535-0, Fax 748-938, COM Fax 748-204

Hamburg (CG)
Alsterufer 27/28, 20354 Hamburg, Tel (040) 41171-0, FBU Fax (040) 41171-222, CON Fax (040) 443004; ADM Fax (040) 417-665, COM Fax (040) 410-6598, ATO Tel (040) 414 607-0, Fax (040) 607-20

Leipzig (CG)
Wilhelm-Seyfferth-Straße 4, 04107 Leipzig, Tel (0341) 213-840, Fax 213-8417, COM Tel 213-8440, Fax 213-8441

München (CG)
Königinstraße 5, 80539 München, Tel (089) 28880; EXEC Section 2888-608, Fax 283-047 oder 280-2317, CON Fax 280-5163, COM Tel. 2888-735, Fax 285-261

Anschriftenin der Schweiz
Amerikanische Vertretungen und Ansprechpartner

Bern (E)
Jubiläumstraße 93, 3005 Bern, Tel (031) 357-7011, Telex (845) 912603, Fax 357-7344, CPU 357-7201, USIS Fax 357-7379, COM Fax 357-7336, FAS Fax 357-7363, DAO Fax 357-7381

US Mission to the European Office of the UN and Other International Organizations (Geneva)
Mission Permanente Des Etats-Unis, Route de Pregny 11, 1292 Chambesy-Geneva, Tel (022) 749-4111, Telex 412865 USGV, Fax 749-4880

US Trade Representative (USTR)
1-3 Avenue de la Paix, 1202 Geneva, Tel (022) 749-4111, Fax (022) 749-5308

US Delegation to the Conference on Disarmament (CD)
US-Mission Bldg., Route de Pregny 11, 1292 Chambesy-Geneva, Tel (022) 749-4407, Fax 749-4833

Genf (CA)
Botanic Building, 1-3 Avenue de la Paix, 1202 Genf, Tel. (022) 738-7613; Fax 749-5388

Anschriften in Österreich
Amerikanische Vertretungen und Ansprechpartner

Wien (E)
Boltzmanngasse 16, A-1091 Wien, Tel (01) 313-39, Fax (01) 310-0682, CON Gartenbaupromenade 2, A-1010 Wien, Tel (01) 313-39, Fax 513-4351, COM Fax (01) 310-6917 oder 31339-2911, EXEC Fax (01) 317-7826, ADM Fax (01) 31339-2510, ECON/POL (01) 313-2916

US Mission to International Organizations in Vienna (UNVIE)
Obersteinergasse 11/1, A-1190 Wien, Tel (01) 313-39, Fax 369-1585, EXEC Tel 369-2095, IAEA Tel 369-2095, Fax 369-8392

US-Delegation to the Organization for Security and Cooperation in Europe (OSCE)
Obersteinergasse 11/1, A-1190 Wien, Tel (01) 313-39, Fax 368-6385

Salzburg (CA)
Herbert-von-Karajan-Platz 1, 5020 Salzburg, Tel. (0662) 84-87-76

Abkürzungen der amerikanischen Behörden

ACM	Assistant Chief of Mission
ADM	Administrative Section
ADV	Adviser
AGR	Agricultural Section (USDA/FAS)
AID	Agency for International Development
ALT	Alternate
AMB	Ambassador
AMB SEC	Ambassador's Secretary
APHIS	Animal and Plant Health Inspection Service Officer
APO	Army Post Office
ARSO	Assistant Regional Security Officer
ATO	Agricultural Trade Office (USDA/FAS)
BCAO	Branch Cultural Affairs Officer (USIS)
Bg	Brigadier General

BIB	Board for International Broadcasting
BO	Branch Office (of Embassy)
BOB/EUR	Board of Broadcasting, European Office
BPAO	Branch Public Affairs Officer (USIS)
B.P.	Boite Postale
BUD	Budget
C	Consulate
CA	Consular Agency/Agent
CAO	Cultural Affairs Officer (USIS)
Capt	Captain (USN)
CDC	Centers for Disease Control
Cdr	Commander
CEO	Cultural Exchange Officer (USIS)
CG	Consul General, Consulate General
CG SEC	Con sul General's Secretary
CHG	Charge d'Affaires
CINCAFSOUTH	Commander-in-Chief Allied Forces Southern Europe
CINCEUR	Commander-in-Chief US European Command
CINCUSAFE	Commander-in-Chief US Air Forces Europe
CINCUSAREUR	Commander-in-Chief, US Army Europe
Col	Colonel
CM	Chief of Mission
COM	Commercial Section (FCS)
CON	Consul, Consular Section
COUNS	Counselor
C.P.	Caixa Postal
CUS	Customs Service (Treasury)
DAC	Development Assistance Committee
DCM	Deputy Chief of Mission
DEA	Drug Enforcement Agency
DEP	Deputy
DEP DIR	Deputy Director
DIR	Director
DOE	Department of Energy
DPAO	Deputy Public Affairs Officer (USIS)
DPO	Deputy Principal Officer
DSA	Defense Supply Adviser
E	Embassy
ECO	Economic Section
ECO/COM	Economic/Commercial Section
EDO	Export Development Officer
ERDA	Energy Research and Development Administration
EST	Environment, Science, and Technology
EX-IM	Export-Import
FAA	Federal Aviation Administration
FAA/CASLO	Federal Aviation Administration Civil Av ation Security Liaison Officer
FAA/FSIDO	Fed. Aviation Admin./Flight Standards International District Office
FIN	Financial Attache (Treasury)
FODAG	Food and Agriculture Organizations
FPO	Fleet Post Office
IAEA	International Atomic Energy Agency
IAGS	Inter-American Geodetic Survey
IBB	International Broadcasting Bureau

ICAO	International Civil Aviation Organization
IMO	Information Management Officer
IO	Information Officer (USIS)
IPO	Information Program Officer
IRM	Information Resources Management
IRS	Internal Revenue Service
ISM	Information Systems Manager
JUS/CIV	Department of Justice, Civil Division
JUSMAG	Joint US Military Advisory Group
LAB	Labor Officer
LO	Liaison Officer
Ltc	Lieutenant Colonel
LEGATT	Legal Attache
M	Mission
Mg	Major General
MAAG	Military Assistance Advisory Group
MILGP	Military Group
MSG	Marine Security Guard
MSC	Military Staff Committee
MIN	Minister
MLO	Military Liaison Office
MNL	Minerals Officer
NARC	Narcotics
NATO	North Atlantic Treaty Organization
NAS	Narcotics Affairs Section
NCIS	Naval Criminal, US
OAS	Organization of American States
DAO	Office of the Defense Attache
ODC	Office of Defense Cooperation
OIC	Officer in Charge
OMC	Office of Military Cooperation
PAO	Public Affairs Officer (USIS)
PC	Peace Corps
PO	Principal Officer
PO SEC	Principal Officer's Secretary
POL	Political Section
POL/LAB	Political and Labor Section
POLAD	Political Adviser
POL/ECO	Political/Economic Section
Radm	Rear Admiral
RCON	Regional Consular Affairs Officer
REDSO	Regional Economic Development Services Office
REF	Refugee Coordinator
REP	Representative
RES	Resources
RHUDO	Regional Housing and Urban Development Office
RMO	Regional Medical Officer
ROCAP	Regional Officer for Central American Programs
RPSO	Regional Procurement and Support Office
RSO	Regional Security Officer
SAO	Security Assistance Office
SCI	Scientific Attache
SCO	Senior Commercial Office

SEC DEL	Secretary of Delegation
SHAPE	Supreme Headquarters Allied Powers Europe
SLG	State and Local Government
SR	Senior
STC	Security Trade Control
UNEP	United Nations Environment Program
UNESCO	United Nations Educational, Scientific, and Cultural Organizations
UNIDO	United Nations Industrial Development Organization
USA	United States Army
USAF	United States Air Force
USDA/APHIS	Animal and Plant Health Inspection Service
USEU US	Mission to the European Union
USGS	US Geological Survey
USINT	United States Interests Section
USIS	United States Information Service
USLO	United States Liaison Office
USMC	United States Marine Corps
USMTM	US Military Training Mission
USN	United States Navy
USNATO	US Mission to the North Atlantic Treaty Organization
USOAS	US Mission to the Organization of American States
USOECD	US Mission to the Org. for Economic Cooperation and Development
USTTAUS	Travel and TourismAgent
USUN	US Mission to the United Nations
VC	Vice Consul
VOA	Voice of America

Die offiziellen Abkürzungen der US-Bundesstaaten und US-Territorien

Alabama	AL	Kentucky	KY	Ohio	OH
Alaska	AK	Louisiana	LA	Oklahoma	OK
Amer. Samoa	AS	Maine	ME	Oregon	OR
Arizona	AZ	Marshall Islands	MH	Palau	PW
Arkansas	AR	Maryland	MD	Pennsylvania	PA
California	CA	Massachusetts	MA	Puerto Rico	PR
Colorado	CO	Michigan	MI	Rhode Island	RI
Connecticut	CT	Minnesota	MN	So. Carolina	SC
Delaware	DE	Mississippi	MS	South Dakota	SD
Dist. of Columbia	DC	Missouri	MO	Tennessee	TN
Fed/Micronesia	FM	Montana	MT	Trust Territory	TT
Florida	FL	Nebraska	NE	Texas	TX
Georgia	GA	Nevada	NV	Utah	UT
Guam	GU	New Hampshire	NH	Vermont	VT
Hawaii	HI	New Jersey	NJ	Virgin Islands	VI
Idaho	ID	New Mexico	NM	Virginia.	VA
Illinois	IL	New York	NY	Washington	WA
Indiana	IN	North Carolina	NC	West Virginia	WV
Iowa	IA	North Dakota	ND	Wisconsin	WI
Kansas	KS	N Mariana Islands	MP	Wyoming	WY

Internet-Anschriften
Diese Auflistung stellt lediglich einen mikroskopischen Auszug aus dem immensen Angebot auf dem Internet dar und erhebt nicht im entferntesten den Anspruch auf Vollständigkeit.

US-Regierung
http://www.whitehouse.gov
http://travel.state.gov
http://www.ustreas.gov
http://www.ins.usdoj.gov
http://www.odci.gov/cia

Kalifornische Regierung
http://www.ca.gov
http://www.state.ca.us
http://www.ftb.ca.gov
http://www.dmv.ca.gov

US-Daten und Statistiken aller Art
http://www.census.gov

Wörterbücher/Übersetzer
http://www.facstaff.bucknell.edu/rbeard/diction4.html

Zeitungen und andere Medien
http://www.latimes.com
http://www.sfgate.com
http://www.nytimes.com
http://www.cnn.com
http://www.BBC.co.uk
http://www.newscientist.com
http://www.gt.kth.se/publishing/news.html
http://www.swbv.uni-konstanz.de/links/tagdeut.html
http://www.iicm.edu/ref.m10

Rund um Immobilien
hhttp://www.ired.com/dir/usa/fl

Stellensuche
.. alle Suchmaschinen (weiter unten) und Zeitungen

Gebrauchtmarkt für Autos, Schiffe, Flugzeuge
http://www.traderonline.com

Wetter
http://www.weathercenter.com

Kostenlose Email und Suchmaschinen
http://www.teltran.com"
http://www.miningco.com
http://www.alltheweb.com
http://www.hotbot.com

http://www.lycos.com
http://www.yahoo.com
http://www.infoseek.com
http://www.excite.com
http://www.altavista.com (das sind die mit dem automatischen Übersetzer)
http://www.hotmail.com

Mensa
http://www.mensa.org

Pretty Good Privacy (PGP) (derzeit) unknackbare Verschlüsselung
http://web.mit.edu/network/pgp
http://www.pgpi.com
http://pgp.com

Aktiencharts
http://www.bigcharts.com

Alltag graut - Yachtbesitz bräunt

von E. Antonio Elster

„Durchschnitts-Landratte wird Schiffsbesitzer" - wer hat davon noch nicht geträumt? Hier ist der Beweis, das jedermann und jedefrau ein neues, aufregendes Leben beginnen kann.

Das Buch erzählt auf lustige und ungezwungene Weise die Geschichte eines gänzlich wasser-unerfahrenen Menschen aus der trockenen Mitte Deutschlands auf dem Weg zum süssen, unbeschwerten Leben auf der eigenen Yacht: Ab sofort ist jedes Jahr das beste Jahr.

Im anschliessenden Kapitel erfährt der Leser ausgewählte Tips und aktuelle Informationen zum tropischen Bootsleben, wie sie nur die Praxis liefern kann.

ISBN 3-89811-334-5
192 Seiten
DM 24,80

Neuseeland - Handbuch fürAuswanderer

von E. Antonio Elster

Der erste unerfahrene Schritt aus Deutschland hinaus führte Elster und seine Freundin ans andere Ende der Welt - in das traumhafte Neuseeland, wo sie zwei Jahre lang auf der Nordinsel lebten, bevor die Neugierde nach dem Rest der Welt überhand nahm. Das Buch erklärt ausführlich sämtliche Schritte auf dem Weg vom Alltagsleben in Deutschland bis hin zum Anbringen des Namensschildes am Haus in Neuseeland.

ISBN 3-613-50288-7, 208 Seiten, fest gebunden, zahlreiche Farbfotos
DM 49,80